Andrea Latritsch-Karlbauer

Wer geht, gewinnt

Andrea Latritsch-Karlbauer

Wer geht gewinnt

Wie Ihr Gehen Ihr Handeln bestimmt

Bildrechte Autorenfoto: © Andrea Latritsch-Karlbauer
Bildrechte Fotos im Kern: Reinhard Latritsch, Alexander Müller, Nina Latritsch
Bildrechte Umschlag: © andrey7777777 – Fotolia.com, © milavas – Fotolia.com

Alle Rechte, insbesondere das Recht der Vervielfältigung und Verbreitung sowie der Übersetzung, vorbehalten. Kein Teil des Werks darf in irgendeiner Form (durch Fotokopie, Mikrofilm oder ein anderes Verfahren) ohne schriftliche Genehmigung des Verlags reproduziert werden oder unter Verwendung elektronischer Systeme gespeichert, verarbeitet, vervielfältigt oder verbreitet werden.

Die Autoren und der Verlag haben dieses Werk mit höchster Sorgfalt erstellt. Dennoch ist eine Haftung des Verlags oder der Autoren ausgeschlossen. Die im Buch wiedergegebenen Aussagen spiegeln die Meinung der Autoren wider und müssen nicht zwingend mit den Ansichten des Verlags übereinstimmen.

Der Verlag und seine Autoren sind für Reaktionen, Hinweise oder Meinungen dankbar. Bitte wenden Sie sich diesbezüglich an verlag@goldegg-verlag.com.

Der Goldegg Verlag achtet bei seinen Büchern und Magazinen auf nachhaltiges Produzieren. Goldegg Bücher sind umweltfreundlich produziert und orientieren sich in Materialien, Herstellungsorten, Arbeitsbedingungen und Produktionsformen an den Bedürfnissen von Gesellschaft und Umwelt.

ISBN Print: 978-3-902903-84-6
ISBN E-Book: 978-3-902903-93-8

© 2014 Goldegg Verlag GmbH
Friedrichstraße 191 • D-10117 Berlin
Telefon: +49 800 505 43 76-0

Goldegg Verlag GmbH, Österreich
Mommsengasse 4/2 • A-1040 Wien
Telefon: +43 1 505 43 76-0

E-Mail: office@goldegg-verlag.com
www.goldegg-verlag.com

Layout, Satz und Herstellung: Goldegg Verlag GmbH, Wien
Druck und Bindung: CPI books GmbH

Meiner geliebten Tochter Nina gewidmet

Vorwort von Frithjof Bergmann

Es gibt Ausnahmen unter den Büchern, seltene, ungewöhnliche, kaum je vorkommende Bücher, die wie ein Kind, schelmisch, mit einer leichten Bewegung etwas Verborgenes sichtbar machen.

Sie entpuppen sich als etwas, das lange verborgen lag, eingesponnen in silberne Seidenfäden. Es ist aber nichts Düsteres, nichts, das einen erschreckt wie eine schon vor langer Zeit gestorbene Spinne, sondern eher das Gegenteil. Etwas bisher nicht Bemerktes, sich jedoch Windendes und Räkelndes, etwas deutlich Lebendiges, aber trotzdem sichtbar Gebliebenes. Noch dazu etwas, das spitzbübisch und ganz nahe ist, das uns sogar beeinflusst und formt, das wir aber während unserer fast endlos scheinenden Werde-Geschichte nie scharf beobachtet haben und das deshalb im Staub und im Halbdunkel blieb. Dieses uns einerseits Nahe und doch von uns oft kaum Bemerkte ist die Art und Weise unseres Gehens. Die unerhörte, endlos subtil unterschiedliche Art, unsere Zehen parallel oder auseinandergespreizt oder aufeinander zugespitzt langsam nach hinten zu rollen, oder auch die im genauen Gegenteil federnd nach vorne tastende Bewegung von den Fingern an unseren Füßen. Das ist der Gegenstand dieses Buches. Unter dem vielfach Zauberhaften ist die einem Hauch gleichende, immer wieder und noch einmal zu einem neuen Ansatz und einem anderen Lächeln einladende stilistische Eleganz, mit der die Autorin, so als ob sie mit einem Staubpinsel behutsam die Erde von etwas Vergrabenem abträgt, die genaue Drehung unserer eigenen Ferse für uns sichtbar macht.

Das Herausschälen von etwas Vernachlässigtem ist aber noch lange nicht das eigentliche Anliegen dieses Buches. Um dem näherzukommen, muss man sich durch die Enge von zwei aneinanderstoßenden Felsblöcken hindurchstemmen. Der eine Fels ist das Banale, das Kotzlangweilige, das wir untrennbar mit dem Gehen verbinden. Kann man darüber überhaupt etwas Intelligentes sagen? Der andere Fels ist eben der Gegensatz, der Widerspruch, dass die geringsten Kleinigkeiten an unserem Stil zu gehen alles an uns gestalten und formen und dreifach unterstreichen, auch das Höchste und Erhabenste an uns, unsere Kapazität, nur eine Maske oder tatsächlich authentisch zu sein – dass sogar dieser Höhepunkt abhängt von unserem Gehen. Das ist die unerhörte Hauptthese dieses Buches, dass sogar das Erreichen dieses Gipfels, das Erreichen unserer Selbstfindung abhängt von dem Herunterhängen unserer Schultern, oder noch stärker betont, dass sogar das Erreichen dieser Erfüllung abhängen könnte von der genauen Drehung unserer Füße.

Diese Bogenspannung lädt ein zu einem Vergleich: Ich werke seit 30 Jahren an dem Gedanken, dass man die Arbeit als eine Polarität verstehen kann, dass Arbeit erschöpfen und aussaugen kann, aber auch das Gegenteil sein kann. Etwas, das Kraft gibt, das uns hinein ins Leben zieht, etwas, das uns hoch oben Sinn gibt. Lernen von dem Vergleich können wir. In beiden Fällen, ob Arbeit oder Gehen, ist die Vielfalt, die Subtilität das, was wir erkennen müssen. Was macht die Arbeit zu etwas gerade noch Erträglichem? Das kann man nicht mit ein paar abstrakten Begriffen erfassen oder umschreiben. Schon gar nicht mit Kauderwelsch-Wortgeschmeiß wie „entfremdet". Was der Arbeit diese Qualität gibt, kann ein kunterbuntes „Tausendallerlei" sein, das mit scharfen Augen von Fall zu Fall beobachtet sein will. Es ist nie und nimmer etwas, das sich unter einer ideologisch flatternden Fahne in Reih und Glied zur Parade auffordern lässt. Ebenso mit dem polar Entgegengesetzten: Was die Arbeit zum Leben gebenden Elixier machen kann, kann auch nicht mit irgendeinem Wort zugedeckt werden. Auch nicht mit Worten wie „Begeisterung schaffend" oder „zum Fließen bringend". Es ist konkret, und das heißt heilig in seiner Einzigartigkeit. Genau so ist es mit dem Gehen. Gehen kann himmlisch sein, kann aber auch vom Teufel in die Schuhe geschoben sein. Aus dem Blickwinkel meines Geschmacks ist das vielleicht Wertvollste an diesem Buch, dass es nicht vereinfacht, nicht zudeckt, sondern etwas von dem Sand aus den Augen reibt und unser eigenes Gehen in seiner unglaublich komplizierten Brillanz erahnen lässt.

Frithjof Bergmann Dezember 2013

Inhaltsverzeichnis

Vorwort von Frithjof Bergmann 7
Einleitung – Schlendern wir los 15

Schritt für Schritt – Eine Geschichte über das Scheitern und Weitergehen 18

Erste Gehversuche 21
Wir gehen bereits vor der Geburt 24
Gehen als Motivation 27

Der Lebensfluss – Die Kontinuität 33
Geschichten am Bach 34
Ge(h)brauchs-Anleitung 34

Das Fundament – Der Anfang von allem 38
Spaziergang in Ihrem Atemfluss 40
Geschichte am Bach – Die Enten und der Haubentaucher 41

Die Anstrengung oder das Mixerbeispiel 42
Bin ich gut genug? 43
Mehr Leichtigkeit durch bewussten Geh-Impuls 46
Spaziergang – Rendezvous mit mir – Gehen Sie mit sich spazieren 47
Brigitte und die Perfektion 48
Geschichte am Bach – Der Schwan 50

Der Impuls 53
Gehen Sie oder geht es Sie? 54

Der ökonomische Gang 57
Beobachten und erfahren Sie 58
Spaziergang – Ökonomisch und aktivierend 59
Geschichte am Bach – Die Ente und der Erpel 60

Neutrale Grundhaltung – Lebenshandwerk 61
Meine persönliche Erfahrung mit der Erdung 61
Wie meistern Sie Herausforderungen? 63
Erdung und Aufrichtung 64
Wie kann ich Neutralität in meinen Alltag integrieren? 65
Spaziergang ins Gleichgewicht 67
Geschichte am Bach – Die gekreuzigte Ente 67

Fremdbestimmt? 69
Im Eck oder die Angst vor dem Scheitern 70

Busy bissig im Business 73

Lächeln macht gute Laune 77
Humor als Lebenskraft 77
Humor in mageren Zeiten 80
Spaziergang – Weg des Lächelns 81
Geschichte am Bach – Weg zum „Roten Stern" 82

Perfektionismus – Die Stressfalle 85
Viel zu tun statt Stress 87
Stresshaltungen und Stressmimik 89

Hasten in den Erfolg 90
Wolfgang hat sich selbst verloren 90
Wann haben Sie sich das letzte Mal getroffen? 93
Spaziergang durch die Zeitzonen 95
Geschichte am Bach – Toastbrot macht fit 96

So mach ich es immer – die Gewohnheit 97
Entdecken von Ungewöhnlichem im Alltäglichen 99
Anni will tanzen 100
Kleines Haltungsexperiment 105
Spaziergang der neuen Perspektiven 106
Geschichte am Bach – Der Taubenschwarm 108

„Man" – Das Phantom 111
„Man muss" verwandeln in „Ich entscheide"................................ 114
Experiment.. 118
Ich entscheide... 119
Erika setzt sich durch 120
Spaziergang in die Sichtbarkeit... 122
Geschichte am Bach – Bruno und der Totengräber 122

Der Fuß – Ihr Lebensberater.. 124
Fußinformationen 126
Spaziergang zur Stärkung des Urvertrauens – Slow Motion........... 128
Geschichte am Bach – Achtsamkeit im Alltäglichen 129

Raus aus der Opferrolle 130
Präsenz und Authentizität 134
Erweitern Sie Ihren Handlungsspielraum.................................. 135
Mobbing im Klassenzimmer... 139

Haltungsoptimierung in der Unternehmenskultur 142
Tipps für Führungskräfte im Umgang mit unsicheren Menschen... 142

Wie führen Sie? Das Chormodell.. 144

Wie klingt Ihr Unternehmen? 148
Tipps für optimale Haltung im Alltag.. 148
Spaziergang in Ihre Musikalität... 150
Geschichte am Bach – Die Melodie des Wassers 150

Selbstbestimmt in hierarchischen Systemen............................. 153
Rechtfertigung macht schwach.. 154

Wie wär's mit „Going" statt „Meeting"? 156
„The Silly Walk" – Spaziergang in die eigene Karikatur 158

Jogo de Cintura – Das Beckenspiel 160
Spaziergang in die Freiheit.. 162
Hier ist Ihre Geschichte 163

Stimmbefreiung durch Körpervokale 164

Auf der Suche nach dem Glück 167
Kleines Rendezvous mit mir 167

Haltungsspezialitäten im Alltag 168

Nutzen Sie Ihr Lebenshandwerk 170

Danke 171

Übungsteil 175
Übungen zur Stärkung der inneren Mitte und des Urvertrauens 175
Übung gegen Spannungen und Unsicherheit 179
Übungen gegen Nervosität und Ängste 181
Übungen gegen Stress 183
Energieaktivierung 186
Stärkung des Selbstbewusstseins 188

Anhang 191
Die Autorin 191
Quellenangaben 192

Einleitung – Schlendern wir los

Ich mache mich auf den Weg und schreibe mein zweites Buch. Ich schlendere, denke, beobachte, notiere und schreite voran.

Wie es mir dabei geht? Ich gehe.

Solange ich nicht auf der Stelle trete, bin ich guter Dinge. Und wenn ich auf der Stelle trete, ist das auch erlaubt, und dann gehe ich wieder weiter. Guten Mutes. Ich begebe mich mit Ihnen auf einen Spaziergang, eine „Schlenderei", ein Gehen mit und ohne Ziele, erzähle und zeige Ihnen, welch wertvolle Ressource das Gehen ist und wie sehr es unser Leben bestimmt. Und vor allem, es ist unaufwendig, alltäglich, bringt einen ungeheuren Mehrwert an Lebensqualität und kostet nichts.

Wie gehe ich los?

Immer wieder dasselbe. Viele Gedanken und die Angst vor dem leeren Computerbildschirm. Ich bin ja Meisterin im Erfinden von Ausreden, um den Schreibstart hinauszuzögern. Dieses Spiel beherrsche ich sehr gut. Das war bei meinem Buch „Haltung fertig los" nicht anders.

Mit dem Gehen kommen jedoch Klarheit und Vertrauen.

Ich mache mich auf den Weg – Schritt für Schritt. Ferse aufsetzen, über den Vorderfuß und die Zehen abrollen, zweites Bein heben und so fort – ein Schritt nach dem anderen – in meinem Rhythmus. Die Schritte werden konkreter und fester. Ich spüre den Boden, die Wurzeln, die aus meinen Füßen wachsen, und ich richte mich auf, im Vertrauen.

Ich starte dieses Buchprojekt im Mai auf einer Insel in Kroatien. Auf meinen täglichen Schlendereien begleiten mich die kalte Bora, der warme stürmische Jugo, angenehm heiße Sommertage und eiskalte Regenstürme. Den Impuls für meine täglichen Schreibeinheiten hole ich mir mit einem täglichen Morgenlauf, bewusstem Gehen und Innehalten. Das Betrachten der Mohnblumen bringt mich in meine Konzentration.

Ich mache es wie die Peripatetiker (gehende Philosophen) im antiken Griechenland, die während des Gehens philosophierten und im Stehen ihre Gedankenflüsse konkretisierten. So konnte es immer wieder vorkommen, dass manch ein Philosoph mitten im Getümmel der Öffentlichkeit sein Gehen unterbrach, haltmachte, sich am Kopf kratzte und in sich versunken nachdachte.

Ich tu es ihnen gleich, nur im Mohnfeld.

Den zweiten Teil des Buches setze ich ein Jahr später auf einer Alm auf 1200 Metern fort. Nun bewege ich mich zwischen Almblumen und Kuhglockengebimmel, Pferdewiehern und Bachrauschen. Täglich besuche ich eine 500 Jahre alte Kandelaberfichte mit sieben Baumwipfeln, umgeben von zwei Bächlein, und genieße die Ruhe und den weiten Blick über die sanften Hügeln, die Ende Mai noch schneebedeckt sind. Es ist herrlich.

Dann setze ich das Schreiben an einem schattigen Plätzchen in meinem Garten fort, und zu guter Letzt beende ich dieses Buch auf der wunderschönen dalmatischen Insel Ugljan, wo ich dieses Werk begonnen habe, im Spätsommer. Mein tägliches Schreiben beginne ich mit einer morgendlichen Schlenderei durch die grünen Felder der Insel, wo ich jetzt im Spätsommer die Feigen direkt vom Baum pflücke und den wunderbar süßen, sonnendurchtränkten Genuss auf meiner Zunge zergehen lasse. Das ist Motivation pur. Ich lasse es mir gut gehen.

Diese Schreiborte sind natürlich die Ausnahme, das Gehen jedoch nicht. Im Alltag spaziere ich täglich mit meinem Hund entlang des Ausflusses des Ossiacher Sees und erlebe somit sämtliche Jahreszeiten entlang des Flusses mit seinen tierischen Bewohnern und begegne denselben Menschen und sie begegnen mir. Die kleinen Bachgeschichten sind das Kontinuum in diesem Buch.

Ich werde mit Ihnen themenbezogene Spaziergänge machen, bei denen Sie sich mit bewusstem „Gehen" erden und gleichzeitig Ihr Leben in Fluss bringen, Ihr Potenzial, Selbstbewusstsein und Ihren Mut stärken. Das funktioniert! Ich freue mich darauf!

Sie nutzen eine Ressource, die ungeahnt positive Auswirkungen auf Ihr Leben hat. Denn Gehen ist nicht nur gehen, Gehen ist die direkte Verbindung zum Leben, es hat mit Ihrem Charakter und Ihrer Haltung zu tun. Jeder Schritt erzählt etwas – Ihnen, Ihrer Seele, Ihrem Geist und Ihrem persönlichen Umfeld.

Sie bestimmen, welchen Fußabdruck Sie hinterlassen, welche Geschichten Sie erzählen. Gehen ist nicht das Mittel zum Zweck, sondern der Zweck an sich. Vergessen Sie einmal kurz das Ziel und genießen Sie jeden Schritt, den Sie bewusst tun. Allein diese Konzentration bringt Sie in die Qualität des Augenblicks und Sie lernen, den Moment zu genießen.

Gehen ist der Ausdruck unserer Gedanken und Lebensweise und zeigt den jeweiligen Zustand an, in dem wir uns gerade befinden.

Sie finden in diesem Buch Körpersprüche, die einen roten Faden durch die Kapitel bilden und die Zusammenhänge von Haltung und deren Auswirkungen auf das Leben humorvoll beschreiben. Diese Reime sind ein Resümee aus meinen Beobachtungen und Erfahrungen. Ich hoffe, dass Sie Spaß daran haben werden, sich das eine oder andere Mal wiederfinden und leise über sich schmunzeln. Im Übungsteil am Ende des Buches finden Sie die wichtigsten Übungen mit Bildern erklärt. Sie sind einfach nachvollziehbar und wunderbar in Ihren Alltag integrierbar. Wecken Sie Ihre Körperressourcen und profitieren Sie von deren positiven Auswirkungen.

Begeben Sie sich nun mit mir auf eine vergnügliche, abenteuerliche, kreative und humorvolle „Schlenderei" in Ihr Potenzial, auf die Gefahr hin, ab und zu gewohnte Wege zu verlassen.

„Die krummen Wege ohne Zielstrebigkeit sind die Wege des Genius." (*William Blake*)

Unterbrechen wir den täglichen Schlendrian der Gewohnheiten und Prinzipien und wechseln wir gemeinsam die Perspektiven. Hier liegt die Chance, vergessene Ressourcen, wie Lachen, Staunen, Freude, Kreativität und Rhythmus wiederzufinden.

Solange wir gehen, geht das Leben weiter! Wie, das bestimmen Sie!

Schritt für Schritt – Eine Geschichte über das Scheitern und Weitergehen

Stehe auf und geh nun los,
verlasse der Gewohnheit Schoß.
Geh den neuen Weg voll Mut,
verweile kurz, das tut dir gut!
Schritt für Schritt wagst du dich vor,
keine Angst, es lohnt sich. Toooor!

Seit meiner Kindheit gehe ich meine speziellen Wege, die nicht immer angenehm waren und viele Umwege mit sich brachten. Ich war eine Suchende und bog ab, wo es keine Abzweigung gab, versuchte Unmögliches, scheiterte, verzweifelte, ging wieder zurück, wagte mich wieder langsam nach vor, verbrachte lange Zeit mit Ängsten, die mich auf der Stelle treten ließen und mir manchmal den Boden unter den Füßen wegzogen. Jedoch waren dies nur Stationen, wo ich dazulernte, und so setzte ich meinen Weg mutig fort, um wieder festen Boden unter den Füßen zu finden. (AnLaKa)

Als junge Frau lebte ich einige Jahre in Wien. Ich war mir nicht klar darüber, in welche Richtung ich beruflich gehen sollte, und probierte aus, was sich mir bot. So hatte ich nach kurzer Zeit etliche Gehversuche hinter mir, die jedoch kläglich scheiterten. Ich landete immer wieder auf der Nase, stand auf und ging weiter. Ich arbeitete in unterschiedlichsten Berufen, die Welt stand mir offen, so landete ich zur Abwechslung bei einem steirischen Anwalt als Bürokraft. Meine Aufgabe bestand darin, juristische Texte vom Aufnahmegerät in die Schreibmaschine zu übertragen. Unter Beaufsichtigung der Chefsekretärin mit weißer Bluse, Hornbrille und strenger Miene mühte ich mich mit dem unverständlichen Juristensteirisch meines Chefs herum. Der Dialekt meines steirischen Vorgesetzten war für mich eine bellende, akustisch nicht erfassbare Fremdsprache. So fragte ich mehrmals bei der gestrengen „Kanzleioberin" nach, um die Texte richtig tippen zu können. Die Lippen wurden immer schmäler, der Blick eisiger und die Antworten einsilbiger. Ich fragte einmal zu viel. Mein Aufgabengebiet wurde von Tag zu Tag kleiner, und so durfte ich zu guter Letzt mit dem alten rückenleidenden Dackel des Anwalts spazieren gehen und die Briefe zur Post tragen, was ich als äußerst erleichternd empfand. So konnte ich der dicken Luft im Büro entkommen. Der Anwalt teilte mir nach kurzer Zeit mit, dass ich für den Job als Anwaltssekretärin ungeeignet wäre. Meine hoffnungsvolle Karriere als seriöse Sekretärin war somit beendet und eine weitere Berufsoption weg.

Da ich mich damals auch ein wenig im Schreiben von Kinderbüchern versuchte, ergab sich für mich ein Job bei einem älteren Schriftsteller, der Anthologien über Theodor Storm verfasste und eine Mitarbeiterin suchte. Ich nahm die Herausforderung gerne an. So arbeitete ich täglich zu geringem Lohn, durfte aber auch eigene Texte schreiben, das gefiel mir ganz gut. Die Sache hatte jedoch einen Haken. Mein Arbeitgeber hatte ein Alkoholproblem, er rutschte im Laufe des Tages nach reichlichem Alkoholkonsum immer weiter von seinem Bürostuhl Richtung Boden, und meine ehrenvolle Aufgabe bestand darin, ihn im Stuhl wieder aufzurichten, damit er nicht vollends auf der Nase landete. Mein Chef, ein feiner Herr, war jedoch sehr freundlich und entgegenkommend, was mich zum Weitermachen motivierte. Das ging eine Weile gut bis zu dem Zeitpunkt, zu dem er nicht mehr arbeitsfähig war, und ich war wieder einmal arbeitslos. Von einem Tag zum anderen stand ich wieder ohne Job auf der Straße.

Es folgten noch weitere spannende berufliche Herausforderungen, die mir im Nachhinein gesehen viel Stoff für meine persönliche Biografie und meine spätere Theaterarbeit lieferten. Zum damaligen Zeitpunkt jedoch war dies alles mehr als ernüchternd und ohne Perspektive. Mit jedem Scheitern setzte sich eine weitere Spannung in mir fest, die mir suggerierte, unfähig zu sein, also wurden meine weiteren Schritte mehr als mühsam. Eine unliebsame Gefährtin heftete sich an meine Fersen und erschwerte mir das zuversichtliche Weitergehen – die Angst.

Zusätzlich zum Gefühl, nirgendwo hinzupassen, gesellte sich die Versagensangst, und das äußerte sich auf unangenehme Weise körperlich. Bei jedem Vorstellungsgespräch stellte sich pünktlich ein „Knödel" im Hals ein, der mir jegliche Konzentration, den Atem und die Stimme raubte, daher trat ich alles andere als kompetent und authentisch auf. Ich hörte mich mit nervöser, hoher Stimme sprechen, was mir sehr fremd erschien. Und so nahmen die Dinge ihren Lauf, bis ich mir gar nichts mehr zutraute. Die Ängste vermehrten sich, das Selbstbewusstsein schwand dahin, mein Lebens- und Handlungsspielraum wurde immer enger und kleiner. Um meinen Kopf freizubekommen, tat ich aber intuitiv das Richtige.

Ich machte mich auf den Weg und durchwanderte Wien.

Auf diese Weise konnte ich meine kreisenden Gedankenkarussells austricksen und entdeckte vieles, das mich inspirierte. Ich ging täglich neue Wege, beschäftigte mich mit Dingen, die mich zum Lachen brachten, und letztendlich lachte ich über mich selbst.

So verlor die ganze Situation an Tragik und ich fühlte mich befreit.

Ab dem Moment eröffneten sich für mich neue Perspektiven. Ich spürte, dass ein individueller Weg auf mich wartete, und das bestärkte mich, weiterzugehen und zu vertrauen. Wie das funktionieren sollte, wusste ich noch nicht, aber ich schlenderte, beobachtete und hielt inne. Ich fand meinen Weg, den Weg zum Theater. So kehrten Urvertrauen und Mut nach und nach zurück. Die Angst hatte auf Dauer keine Chance mehr, weil ich begonnen hatte, meinen eigenen Weg zu gehen.

Ich erzähle diese meine Geschichte, um all jenen Mut zu machen, die den Glauben an sich selbst verloren haben, die manchmal Rückschritte machen oder auf der Stelle treten. Haben Sie Vertrauen! Es gibt einen Weg, Ihren persönlichen!

In diesem Sinne gehen wir gemeinsam los, lachend im Vertrauen.

Erste Gehversuche

> *„Gehen und dabei auf der Erde Halt finden, ihre Schwerkraft fühlen, sich bei jedem Schritt auf der Erde abstützen – das ist wie ein kontinuierlicher Energieschub."* (Frédéric Gros, Lakota, „Unterwegs", S. 116)

Wie ich bereits im vorhergehenden Kapitel erzählt habe, war und ist das Gehen für mich eine ideale Möglichkeit, Ballast abzuwerfen, Spannungen aufzulösen und klar im Kopf zu werden. Ich lasse den Alltag hinter mir, spüre den Kontakt meiner Füße zum Boden, atme bewusst ein und aus. Ich nehme mir nichts vor und gehe.

Blitzartig bin ich im gegenwärtigen Moment, im Hier und Jetzt.

Ich schlendere, bleibe stehen, betrachte meine Umgebung und gehe wieder weiter. Dieses Dahinschlendern ohne besonderes Ziel ist für mich unverzichtbar geworden. Ich finde immer Zeit, meine täglichen Schritte zu tun, da dies Klarheit und Wohlgefühl in mein Leben bringt. So komme ich auf den Boden und lebe in meinem individuellen Rhythmus.

Tatsache ist, dass Krisen und problematische Lebenssituationen dazu führen, dass wir den Boden unter den Füßen verlieren. Das lässt uns orientierungslos werden.

Wenn ich einmal in eine Situation gerate, die mich fordert, bleib ich stehen, erde mich, atme bewusst ein und aus, lasse die aufkommende Spannung in die Erde abfließen, richte mich auf und gehe dann weiter. Bewusst, in meiner Geschwindigkeit und Konzentration.

Bereits die Peripatetiker gingen, um ihren Gedankenfluss zu animieren.

Im Mittelalter wandelten die Mönche in den Kreuzgängen.

Die abendländische Philosophie entstand im 18. Jahrhundert gehenderweise.

Schon sehr früh erkannte man die Zusammenhänge zwischen Gehen, Körper und Geist, zwischen Gehen und Handeln.

Der Pflastertreter war der idealtypische Berliner Flaneur-Vorläufer. Er konnte sich drehen und wenden, wohin er wollte, stehen bleiben, wann es ihm passte, sich alles ansehen, was ihm gefiel.

Auch wir können dies tun, aber leider machen es nur die wenigsten, weil wir damit kein Ziel verfolgen. Wir erübrigen keine Zeit dafür, da der Zweck der Übung nicht sofort ersichtlich ist.

„Man muss sich selbst vergessen, um glücklich spazieren zu gehen." (Franz Hessel, Ur-Flaneur, Gehen, S. 76)

Sich selbst vergessen ist heutzutage beinahe ein Ding der Unmöglichkeit. Täglich erlebe ich in meinen Seminaren, wie sehr die Teilnehmer von ihren Gedanken gemartert werden und so getrieben sind, dass sie ihre tatsächlichen Leistungen übersehen und sie somit auch nicht wertschätzen. Die Verleugnung des eigenen Potenzials führt zu einer enormen Beschleunigung, zu übertriebenem Perfektionsdrang, was nichts anderes ist als ein Davonlaufen vor sich selbst.

Wir sind wenig befriedigt und haben ständig das Gefühl, unsere Arbeit nicht perfekt erledigt zu haben. Das, was uns leichtfällt, ist nichts wert, deshalb laden wir uns immer mehr Arbeit auf, um zu beweisen, wie fleißig wir doch sind. Ohne Leistung sind wir nichts wert. Glauben wir. Wir legitimieren uns durch Fleiß.

> *Ist der Kopf nach vor gestreckt,*
> *ist der Gier-Instinkt geweckt.*
> *Eile, eile immer weiter,*
> *erklimme die Karriereleiter.*
> *Weißt nicht mehr, was gut dir tut,*
> *halte an, das tut dir gut!*

Und so jagen viele Menschen mit vorgestrecktem Kopf und angespannten Gesichtsmuskeln atemlos durch ihr Leben (Skispringer knapp vor dem Absprung aus „Haltung fertig los") und suchen gestresst nach dem ultimativen Glückserlebnis, das sie in ihrem rasanten Lebenstempo nicht mehr spüren und wahrnehmen können. Positive zwischenmenschliche Momente, wie ein Lächeln oder ein aufmunterndes Nicken, werden nicht mehr realisiert, da wir einem imaginären Phantom namens Glück hinterherlaufen, ohne es zu sehen.

Glück ist nicht so groß, wie wir glauben. Es ist ein kleiner flüchtiger Moment.

Seit meiner intensiven Auseinandersetzung mit dem Thema „Gehen" wird mir immer mehr bewusst, wie sehr dieses und artverwandte Wörter wie Schritte, Gang etc. in unserem Sprachgebrauch verankert sind und unsere emotionalen und körperlichen Befindlichkeiten ausdrücken. Wir definieren uns und unser Weltbild über das Wort „Gehen".

— *Wie geht es dir?*
— *Mir geht es gut.*
— *Wie geht dein Projekt voran?*
— *Geht so.*
— *Was geht dich das an?*
— *Sie kann mit dem Problem nicht umgehen.*
— *Da vergeht mir doch alles.*
— *Na geh! Aber geh!*
— *Das lasse ich mir auf der Zunge zergehen.*
— *Nichts geht mehr.*
— *Ich glaub, ich geh ein.*
— *Das ist ihr Untergang.*
— *Die Zeit vergeht.*
— *Er geht fremd.*

Dies sind Beispiele, wie sehr das Gehen uns und unsere Lebenssituation beschreibt. Ich bin mir sicher, Sie finden noch weitere Variationen. Ihrer Fantasie sind keine Grenzen gesetzt.

Gehen und leben sind identisch.

Während ich gehe, bringe ich meine innere Welt mit der äußeren in Verbindung. Das erkenne ich an mir selbst als auch an den Teilnehmerinnen meiner Seminare.

Bewusstes Gehen schafft Verbindung zu meinem Selbst, zu meiner Entscheidungskraft, meinem Selbstbewusstsein, Urvertrauen, zu meinem Leben.

Bewusstes Gehen ist ein „Zu-sich-Kommen".

Langsames Gehen schafft klare Gedanken und Orientierung und steigert die Konzentration.

Eine meiner Lieblingsübungen ist das „Zeitlupengehen", die „Slow Motion". Hier setzt man langsam die Ferse auf dem Boden auf und rollt den Fuß ganz langsam bewusst ab. Der Oberkörper ist immer in Verbindung mit dem Fuß, und die gesamte Gehbewegung orientiert sich an der Geschwindigkeit des Abrollens. So entsteht ein Energiefluss im ganzen Körper, und das innere als auch das äußere Gleichgewicht werden aktiviert. Hier tritt ein uraltes Körperwissen in Kraft, das uns an unseren natürlichen Zustand, die innere Balance und unseren ureigenen Körper-Rhythmus erinnert. Diese Information wird an das Gehirn weitergeleitet.

Wenn der Oberkörper im Einklang mit den Füßen ist, wird ein gestresstes Leben unmöglich. Klingt unglaublich, funktioniert aber wunderbar. Ich sehe es täglich und sammle ständig neue Erfahrungen im Seminarbereich.

Wir gehen bereits vor der Geburt

Gehen lernst du aus der Mitte,
so lernst du die ersten Schritte.
Wackelnd und doch voll Vertrauen,
lernst du, in die Welt zu schauen.

Ich hatte unlängst ein interessantes Gespräch mit einer Seminarteilnehmerin, einer Gynäkologin und Pränatal-Diagnostikerin. Wir unterhielten uns nach dem Workshop über das Gehen und seine Auswirkungen, und die Ärztin war selbst sehr erstaunt, welch positive Auswirkungen das bewusste Gehen auf ihre Befindlichkeit sofort im Moment hatte und wie intensiv sie sich selbst wahrnehmen konnte.

Das bewusste Losgehen mit einem Impuls, kleinen körperlichen Haltungskorrekturen und dem Abrollen der Füße führten bei ihr während des Gehens zu einem entspannten inneren Zustand, strahlendem Aussehen und einer angenehmen Selbstwahrnehmung. Im Moment!

Während des Gesprächs erzählte mir die Ärztin über die Entwicklung des Embryos im Mutterbauch. Diese Geschichte war für mich unglaublich und mehr als bereichernd. Das kleine Geschöpf sucht sich ab einem Alter von circa 20 Wochen mit den Füßen wie selbstverständlich einen Untergrund. Es tastet sich mit seinen Füßchen im Mutterleib bis zur Gebärmutter vor und stößt sich dort ab, um dann letztendlich auf der Gebärmutter spazieren zu gehen. Bereits sehr bewusst und eigenständig. Das ist für mich ein fantastisches Bild und erklärt mir, warum uns ein bewusstes Herstellen des Bodenkontaktes ein so angenehmes und sicheres Gefühl beschert. Wir kennen es von Anfang an, nein, wir kennen es schon viel länger.

Gehen ist ein Urbedürfnis. Gehen ist fundamental.

Dieses Wissen gibt uns Halt und stärkt unser Urvertrauen.
So schön und einfach!
Also, warum schenken wir unserer täglichen Bewegung, dem Gehen nicht mehr Aufmerksamkeit und Zuwendung?
Wie bereits besprochen, wird unser Weltbild durch das Wort „Gehen" beschrieben. Gehen bietet uns den Zugang zur Welt. Und im Sinne des Umweltschutzes ist Gehen eine humane Mobilität und dazu noch äußerst gesund. Ich bin überzeugt, dass Sie nach dieser Lektüre Ihre täglichen Bewegungsgewohnheiten bewusst ändern und das Wohlgefühl, das sich dadurch einstellt, genießen werden.
Jede Gehvariation hat eine andere Auswirkung auf Sie und Ihr Leben. Wenn Sie langsam gehen, können Sie gut nachdenken. Wenn Sie dazu neigen, sich sehr schnell zu bewegen, kann es durchaus sein, dass Sie vor sich selbst davonlaufen.
So hinterlassen wir täglich unsere Fußabdrücke. Das sind unsere Lebensspuren. Haben Sie schon einmal bewusst darüber nachgedacht, welche Geschichten Ihre Spuren erzählen?
Sind es Spuren der Freude, Spontaneität und Zufriedenheit oder sind es schleppende Spuren des Zweifels, der Gewohnheit oder Resignation?
Wussten Sie, dass die Stellung Ihrer Füße als auch Ihre Gangdynamik einen großen Einfluss auf Ihr Leben haben? Die Füße richten sich nach Ihren Gewohnheiten ein. Darin sind sie zuverlässig. Zeigen sie zu sehr nach innen, sind Ihr Denken und Ihr Lebensraum empfindlich eingeschränkt und das Selbstvertrauen und die Entscheidungsfähigkeit lassen zu wünschen übrig.

Schaun' die Füß' zu sehr nach innen,
solltest du dich doch besinnen,
um sie dann zu richten grade.
Alles andre wäre schade.

Zeigen die Zehen forsch nach außen, geben Sie zwar Ihrer Umgebung die Information scheinbarer Sicherheit, in Wirklichkeit sperren Sie Ihr Becken und somit Ihre persönlichen Ausdrucksmöglichkeiten ein. Die Stimme wird schneidend oder monoton, und Sie dopen sich mit der Information, dass Sie sich mit jedem Schritt beweisen müssen. In Wirklichkeit glauben Sie selbst nicht an sich und Ihre Taten und gehen noch mehr in die Übertreibung. Das sind Ersatzhaltungen und -handlungen.

Füße zeigen forsch nach außen,
Becken hat Bewegungspausen.
Schulter vehement und schnittig,
macht dem Fuß Bewegung strittig.

Sein oder Schein?
Das sind zwei komplementäre Beispiele, wie sich Fußstellungen auf unser Leben auswirken. Es gibt viele weitere Variationen, auf die ich noch später zu sprechen komme.

Neutralisieren Sie Ihre Fußstellung
Das Positive daran ist, dass wir unsere Fußstellung neutralisieren können und somit mehr Selbstvertrauen bekommen. Je balancierter wir sind, desto sicherer fühlen wir uns. Aus einer neutralen Grundsituation kann sich die jeweilige Persönlichkeit entfalten. Unserem Potenzial sind keine Grenzen gesetzt.

Sie machen bei unseren gemeinsamen Spaziergängen nichts anderes, als an Ihrer inneren Mitte zu arbeiten, und das über die Optimierung der Fußstellung und Ihre Art zu gehen. Das funktioniert wunderbar, und Sie werden mit einer wunderbaren Leichtigkeit belohnt.

Diese Erkenntnisse sind vielfach erprobt und resultieren aus meiner

Erfahrung als Schauspielerin und Trainerin. Es ist nicht alles so kompliziert, wie Sie glauben. Es geht ganz leicht. Nutzen Sie Ihre Ressourcen!

Übung zur Optimierung des Bodenkontaktes
Stellen Sie sich in Hüftbreite hin. Dann gehen Sie bewusst auf den Fersen. Geben Sie mit den Fersen einen Impuls in den Boden, abwechselnd rechts und links. Dann gehen Sie auf dem Vorderfuß (Ballen und Zehen). Wechseln Sie nun auf die Innenkanten der Füße und zuletzt auf die Außenkanten. Machen Sie dies mehrmals im Wechsel und stellen Sie sich dann wieder ins Gleichgewicht und spüren bewusst den Boden.

Sie werden bemerken, dass Sie viel stabiler stehen. Das gibt Ihnen die Information der inneren Sicherheit. Das festigt Ihr Fundament, wie bei einem gut gebauten Haus. Ihr Körper kennt dieses Gefühl. Aus dem Mutterbauch.

Gehen als Motivation

Ich wurde vor Jahren von einer Institution engagiert, um ein Performanceprojekt mit Menschen mit psychischen Problemen zu entwickeln. Das Stück sollte einerseits eine Motivation für die Beteiligten sein, andererseits sollte es auch die gedankliche und reale Situation der Betroffenen widerspiegeln und den Zuschauern verständlich machen. Wir entwickelten in mehrmonatiger Probezeit eine Performance mit dem Titel „In- und Auswändig". Das Endprodukt setzt sich aus einem Liveauftritt als auch einem eigens gedrehten Kurzfilm mit den Biografien der Beteiligten zusammen.

Die Betroffenen verbrachten die Wochentage in einer Tagesstätte für Menschen mit psychischen Problemen, wo sie sehr gut gefördert und betreut wurden. Mein Auftrag war es, eine künstlerische Intervention mit der Gruppe zu entwickeln, die dann öffentlich präsentiert werden sollte. Die Selbstwertstärkung über den Körper war mitunter ein wichtiger Teil der Arbeit, und wir begannen mit einfachen Geh- und Körperübungen.

Erstaunlicherweise erinnerten sich die Beteiligten während der Körperarbeit zusehends an ihre vergessenen Talente und Bedürfnisse.

Je freier sie körperlich wurden, desto mehr traten die Erinnerungen an ihre Potenziale und ein ausbalanciertes gesundes Lebensgefühl zutage. Wir lachten viel, entwickelten Geschichten und waren stolz auf die Szenen, die aus ihnen entsprangen. Der Körper war da ein wundervoller Partner, denn er vergisst nichts. Das gespeicherte Körperwissen vergisst die Balance nie und weiß, wie der Mensch sich in gesundem Zustand fühlt, und das war mehr als hilfreich.

Während der gesamten Probezeiten, die circa drei Monate dauerten, gab es keine seelischen Krisen, und die Akteure fühlten sich durch Erdung und Aufrichtung gestärkt und selbstbewusst.

In der Bühnen-Umsetzung war es einerseits wichtig, aufzuzeigen, wie sich Menschen mit psychischen Problemen in unserer Gesellschaft fühlen und von der Gesellschaft wahrgenommen werden, jedoch ohne Mitleidseffekt. Gleichzeitig war es mir wichtig, neutral und bewertungsfrei zu bleiben und so dem schwierigen Thema Leichtigkeit zu verleihen, indem ich die Betroffenen ein Handwerkszeug lehrte, wie sie selbst ihre Potenziale stärken konnten. So bekam die scheinbar aussichtslose Situation Hoffnung und Perspektive, und die Teilnehmer gewannen von Probe zu Probe mehr Mut. Es gab wunderbare Momente, in denen sie ihre Krankheiten vollkommen vergaßen und in der kreativen Arbeit aufblühten.

Perspektiven gewinnen
Es gibt immer zwei Möglichkeiten, problematische Situationen zu behandeln. Entweder machen wir sie noch schwerer, oder wir verpassen ihnen einen Schuss Leichtigkeit, was unserer Lebenssituation ungeahnte Perspektiven eröffnet. Dann sind wir auch in der Lage, über eine Optimierung des „Istzustandes" nachzudenken, da wir locker und entspannt sind. Es gibt immer Lösungen, um Krisensituationen zu erleichtern und sie besser meistern zu können. Da spielt die Stärkung der neutralen Haltung und der Körperressourcen eine immense Rolle und ist mehr als hilfreich.

Das funktioniert immer!

Bei unserer ersten Probe starteten wir mit Lockerungsübungen und lernten uns anhand von Körper- und Begegnungsübungen aus dem Theaterbereich kennen.

Das nonverbale Kennenlernen erzählte viel mehr als tausend Worte.

Eine Standardübung, mit der ich jedes meiner Seminare beginne, ist das Gehen.

Ich bat die Teilnehmerinnen und Teilnehmer, mit Musikbegleitung durch den Raum zu gehen. Sie sollten die Haltung einnehmen, die ihrem damaligen Befinden entsprach. Dann gingen sie los.

Bereits nach zwei Minuten breitete sich eine unglaubliche Schwere im Raum aus, das raubte mir beinahe den Atem. Als ich mich umblickte, bemerkte ich, dass beinahe alle Teilnehmer schlurften und ihre Köpfe hängen ließen. Ihre Haltungen waren zum großen Teil eingefallen und die Körper knickten motivationslos nach innen oder hingen nach unten. Die Beteiligten hatten wenig Bodenkontakt und schlurften mit gesenktem Blick durch den Raum, sie nahmen untereinander keinen Blickkontakt auf und waren so in sich selbst gefangen. Eine lähmende Atmosphäre breitete sich aus, die mir den Atem nahm.

Nun wies ich die Leute an, mit dem Impuls „Ich gehe" loszugehen und bei dem Musikstopp eine selbstbewusste Haltung einzunehmen. Bevor sie losgingen, sagten sie zu sich selbst: „Ich gehe." Bereits dieser kleine Impuls führte dazu, dass sie bewusster losgingen und sich beim Anhalten der Musik wie selbstverständlich aufrichteten und selbstbewusst hinstellten. Sie hoben ihre Köpfe, stellten sich breiter hin und hoben ihre Blicke. Als ich sie dann aufforderte, weiterzugehen, knickten sie wieder ein und verfielen in ihre Gewohnheitshaltung.

Hier wurde das gewohnte Körpermuster aktiv.

Ich forderte sie nun auf, das Selbstbewusstsein, die Aufrichtung ins Gehen mitzunehmen.

Dann passierte Unglaubliches.

Ohne ihnen etwas erklären zu müssen, hoben die Teilnehmerinnen ihre Köpfe, ihr Gang wurde lebendig und sie blickten sich wie selbstverständlich in die Augen.

Was glauben Sie, passierte dann?

Die schwere Stimmung löste sich in Sekundenschnelle auf und alle lächelten, was dann in lautes Gelächter überging. Ich sah in strahlende, lachende Gesichter. Ungläubig bestaunten sich die Teilnehmer und sagten, dass sie sich so noch nie gesehen hatten. Noch nie! Dieser Moment war wunderbar und erzeugt heute noch Gänsehaut bei mir.

Dies zeigt, was eine bewusste Aufrichtung und selbstbestimmtes Gehen bewirken können. Der Körper erkennt die gesunde Information sofort.

Ab diesem Moment arbeiteten wir mit viel Freude, Spaß und Leichtigkeit zusammen. Das Eis war gebrochen. Wir entwickelten über einen Zeitraum von zwei Monaten eine Theaterperformance und drehten einen Biografie-Film. Bei jedem Treffen wärmten wir uns mit Gehtrainings, Körper- und Atemübungen auf und arbeiteten anschließend an unserem Theaterprojekt, das wir gemeinsam entwickelten, weiter. Während der gesamten Probezeit gab es keine Krisen und auch selten Zweifel.

Der Höhepunkt war die Schlussaufführung. Alle Teilnehmer traten selbstbewusst vor 280 Zuschauern live auf, und das angstfrei.

Dies war mehr als berührend, und die Zuseher waren überrascht und beeindruckt. Vier der Teilnehmer waren so motiviert und gestärkt, dass sie nach dem Projekt wieder zu arbeiten begannen. Sie traten in einen geschützten Arbeitsbereich ein, woran vorher nicht zu denken war, und zwei ließen sich auf eigenen Wunsch von mir als Redner schulen, um bei Ärztekongressen für die Bedürfnisse psychisch kranker Menschen zu sprechen. Es war ihnen ein wichtiges Anliegen, an einem positiven Image für ein Tabuthema aktiv mitzuarbeiten.

Mutig und voller Tatendrang.

Diese Erfahrung war für mich sehr beglückend und prägend und zeigte einmal mehr, wie sehr unser Körper und das Gehen mit unseren Emotionen verbunden sind und wie wir uns dies zunutze machen können. Ganz bewusst! Eine Ressource, die in uns ist und die wir nutzen sollten!

Ich erzähle diese reale Geschichte, um Ihnen zu zeigen, dass in jeder noch so schwierigen Situation ganz viel Hoffnung steckt.

Steigen Sie ganz bewusst aus Ihrem Gedankenkarussell aus und nutzen Sie die Kraft des Körpergedächtnisses!

Das gibt's kostenlos!

Die Aktivierung der Körperressourcen eröffnet uns Wege, von denen wir nicht zu träumen wagen.

Nun betrachten Sie einmal sich selbst, mit welcher Haltung Sie durch

Ihr Leben gehen. Sind Sie wirklich geerdet und aufgerichtet? Nutzen Sie Ihre Körperressourcen? Die haben lange genug geschlafen und warten darauf, von Ihnen geweckt und aktiviert zu werden. Über die Erdung und Aufrichtung geht die Information des Wohlbefindens an Ihre Psyche und Ihr Gehirn. Die reagieren zuverlässig darauf und schenken Ihnen ein paar Glückshormone. So einfach ist das.

Gehen Sie einmal bewusst durch die Stadt und beobachten Sie die Menschen, denen Sie begegnen. Freundlichkeit und lockeres Schlendern sind eher selten anzutreffen. Der Großteil der Menschen hastet mit angespannter Haltung und ernster Miene durch die Straßen. Schade eigentlich.

Überlegungen
Die Stärkung der Körperressourcen ist eine große Chance für das Wirtschafts-, Schul- und Bildungswesen, Sozialbereiche, Kunst und Kultur. Dies ist ein Reservoir an Kräften, die jeder Mensch nutzen sollte, da dies locker und frei macht. Wenn wir locker sind, werden wir empathischer, humaner, kreativer und mutiger. Das benötigt unsere Gesellschaft mehr als dringend.

Aus meiner langjährigen Erfahrung mit Schulprojekten zur Selbstwertstärkung von Jugendlichen kann ich sagen, dass es weitaus leichter ist, gute schulische Leistungen durch Stärkung der vorhandenen Potenziale zu erzielen als durch Betonung der negativen Leistungen. Warum verschwenden wir unsere Zeit damit, zu betonen, was nicht funktioniert. Legen wir unser Augenmerk auf die positiv vorhandenen Schätze. Wenn wir die heben, dann wird die Motivation, an Schwächen zu arbeiten, sehr schnell größer. Leider wird in unserem Schulsystem der „Nichtleistung" zu viel Aufmerksamkeit geschenkt, und die Auswirkungen in puncto Selbstvertrauen, Mut und Zuversicht können wir überall in unserer Gesellschaft sehen. Und das in sämtlichen Bevölkerungsschichten.

Medizinische Genesungsprozesse mit Perspektiven würden anders aussehen, wenn die gesunden Anteile bewusst gestärkt und Patienten nicht auf ihre Diagnosen reduziert würden.

Warum berücksichtigen wir so wenig die Erfahrungen von alten Menschen in unserer Gesellschaft? Leider werden Menschen sehr oft auf ihr Alter reduziert, wo sie uns doch so viel an Erfahrung vermitteln könnten. Das sind wertvolle Ressourcen.

Wenn wir es endlich schaffen, die Bewertung aus unserer Denkweise herauszunehmen und Situationen neutral zu betrachten, verändert sich alles. Es eröffnen sich neue Perspektiven und spannende Wege.

Positive Motivation trägt in sämtlichen Bereichen Früchte. Ich erlebe es täglich.

Um das zu beweisen, brauchen wir keine Wissenschaft! Gehen wir es an!

Der Lebensfluss – Die Kontinuität

Wie ich ja schon erwähnt habe, bin ich stolze Hundebesitzerin. Mein Hund Pino, ein Border Collie, fordert seine täglichen Spaziergänge, die mich immer wieder auf neue Pfade führen.

Es gibt für mich jedoch einen Weg der Kontinuität, den ich sehr oft gehe.

Er führt entlang eines Baches, der vom Ossiacher See in die Drau mündet und von natürlichen Biotopen umsäumt ist. Laut quakende Frösche, unzählige Enten, Schwäne, Haubentaucher, Eisvögel etc. sind die Bewohner des Naturjuwels.

Ich flaniere quer durch alle Jahreszeiten, und der Bach begleitet mich mit seinem kontinuierlichen Energiefluss. Manchmal fließt er fröhlich plätschernd, nach heftigen Regenschauern tosend, dann wieder ganz dezent und leise, und an manchen Stellen wird er durch Äste und Steine aufgestaut. Das Flüsschen findet jedoch immer eine Möglichkeit, seinen Lauf fortzusetzen. Immer wieder halte ich an, um dem sich ständig ändernden Klang des Wassers zu lauschen.

Das bringt mich in die Ruhe. Der Bach ist eine schöne Metapher für den Lauf des Lebens und bietet überdies eine herrliche Gelegenheit, sich von der überhöhten Alltagsgeschwindigkeit zu lösen.

Die Bachbewohner tummeln sich, je nach Jahreszeit, in Gruppen, Pärchen und dann letztendlich als Familie im und um den Bach und leben im Sommer am nahe liegenden See. Dieses Gehen am Bach bedeutet für mich Kontinuität und zugleich Veränderung.

Hier ist es möglich, zu schlendern, abzuschalten, Neues zu entdecken und interessanten Menschen zu begegnen.

Geschichten am Bach

Während dieser Spaziergänge begegne ich täglich einem alten Mann, der sein Fahrrad schiebt, mit den Enten spricht und sie füttert. Während seines täglichen Flanierens konsumiert er auch ein paar kleine Fläschchen Hochprozentiges „Guter Stern", ein Magenbitter. Mit den weggeworfenen roten Kapseln seiner kleinen Trostspender legt er seine persönliche Spur. Manchmal ist dies wie ein Navigator für mich, und ich versuche, die roten Kapseln und die leeren Fläschchen bewusst ausfindig zu machen. Diese Fremdkörper liegen wie drapiert an den ungewöhnlichsten Stellen und leuchten unter dem Gras, neben Steinen, aus dem Wasser oder aus dem Schnee hervor. Irgendwann sind sie dann wieder weg, wenn die Flurreinigung tätig war, und dann beginnt das Prozedere wieder von vorn.

Haben Sie schon Lust bekommen, mitzugehen? Ich hoffe, ich konnte Sie nun schon ein wenig motivieren, um mit mir den ersten Spaziergang zu wagen. Zu entdecken gibt es genug.

Sie können nun aktiv an diesem kostenlosen, gesunden, kreativen und vor allem sportbekleidungsunabhängigen Vergnügen teilnehmen, wenn Sie wollen.

Ge(h)brauchs-Anleitung

Ziehen Sie bequeme Schuhe an und lassen Sie Messuhr, Stöcke und Sportbekleidung zu Hause. Nehmen Sie sich mit! Betrachten Sie sich ohne Bewertung, freundlich und neugierig.
Entdecken Sie sich mit anderen Augen!
Gehen wir los!

Erster Spaziergang – Wachen Sie auf

> *Verweile einen klein' Moment, schau auf deinen Fuß,*
> *bau dir selbst dein Fundament und spüre den Genuss,*
> *den ein selbstbestimmtes Leben bringt.*
> *Unbedingt!*

Wählen Sie einen Weg, den Sie gerne gehen und der in Ihrer Nähe ist. Um sich bewusst aus Ihrem Alltag zu lösen, stelle ich Ihnen ein kleines humorvolles und überaus wirksames Ritual vor, das ich bereits den Leserinnen und Lesern in meinem ersten Buch „Haltung fertig los" verraten habe.

Vorbereitung: Stellen Sie sich in Hüftbreite hin und wischen Sie alle Gedanken, die Sie belasten oder behindern, bewusst weg. Sie streifen mit der rechten Hand über den linken Oberarm bis über die Hand und wieder zurück. Dasselbe machen Sie mit der linken Hand und mit den Beinen. Sie wischen sich alles Unliebsame vom Körper weg.
   Sind Sie so weit?

Los geht's!
Wir gehen los und genießen jeden unserer Schritte. Nach ein paar Minuten lenken Sie bitte Ihre Aufmerksamkeit auf Ihre individuelle Gangdynamik. Nun halten Sie an und spüren Sie bewusst den Kontakt Ihrer Füße zur Erde. Dann stampfen Sie abwechselnd mit jedem Fuß kräftig in den Boden (Urmensch). Das wiederholen Sie ein paar Mal. So erhalten Sie einen guten Kontakt zu sich und zur Erde. So stellen Sie die ganzheitliche Verbindung zu sich über das gespeicherte Körpergedächtnis her.
   Richten Sie nun Ihren Blick auf den Weg vor Ihnen, geben Sie sich einen kleinen Impuls, wie z. B. Fingerschnippen oder sagen Sie sich „Ich gehe ", und dann gehen Sie weiter. Setzen Sie Ihren Fuß mit der Ferse auf und rollen Sie über den Vorderfuß ab. Verbinden Sie Ihren Atem mit Ihrem Schritt, d. h. Sie atmen ein, während Sie Ihre Ferse auf den Boden aufsetzen, und atmen aus, wenn Sie den Fuß abrollen. Dies machen Sie ganz langsam. Spüren Sie ganz bewusst Ihre Schritte und die Verbindung

zur Erde. Genießen Sie den Vorgang des Abrollens. Gehen Sie aufgerichtet und entspannt nach Hause.

Gut gemacht!

Das richtige Abrollen bringt Ihnen Energie und Kraft und Sie werden frisch und munter. Gleichzeitig ist es sehr gut für die psychische Stabilität.

Nun, wie fühlt sich Ihr Gang an?

Ist Ihre Art zu gehen energiegeladen, oder haben Sie das Gefühl, über dem Boden zu schweben?

Rollen Sie Ihre Füße ab oder ist es ein vorsichtiges Dahinwackeln?

Versuchen Sie bewusst, zu realisieren, wie sich Ihr Gehen anfühlt.

Kraftvoll, angespannt, energielos, getrieben, dynamisch, verlangsamt?

Was immer Ihnen auffällt, bewerten Sie es nicht, sondern betrachten Sie sich neutral.

Wo fühlen Sie sich locker, wo liegen Ihre Spannungen?

Wie fühlt sich Ihre momentane Art, zu gehen, an?

Sicher?

Was fällt Ihnen zu Ihrer individuellen Gangart ein? Vielleicht ein Wort oder ein Bild oder eine andere Person, die sich ähnlich bewegt? Es könnte ja jemand aus der Familie sein. Versuchen Sie nun, einen Namen für sich und Ihren Gangstil zu finden.

Gangtypen zur Anregung: In meinem Buch „Haltung fertig los" habe ich die „Hitparade der Alltagshaltungen" vorgestellt. Ich nenne Ihnen ein paar Gangstile, vielleicht fällt Ihnen ja auch ein witziger Name zu sich selbst ein.

Engagierter Wackelkopf, Schiefkopf-Entschuldigungstyp, vorderfußlastiger Watschelpendler, schwebender Tarnkappenträger, trainierter Einkaufswagenschieber, nachlässiger Wackelgänger oder Schispringer knapp vor dem Absprung.

Vielleicht passt eine der Beschreibungen ja auch zu Ihnen? Ich bin mir sicher, Sie finden eine humorvolle Beschreibung für sich.

Humor und Lachen sind eine gute Möglichkeit, sich selbst näherzukommen.

Ihrer Fantasie sind keine Grenzen gesetzt.

Kleines Spiel: Wenn Sie Lust haben, einige der oben genannten Haltungen auszuprobieren, dann tun Sie es. So können Sie sich in andere Menschen hineinversetzen. Sie werden automatisch Gedanken bekommen, die diese Haltungen auslösen. Wenn Sie es nicht glauben können, wagen Sie dieses Experiment! Sie werden staunen!

Jede Haltung hat eine Auswirkung auf Ihre physische als auch psychische Befindlichkeit. Jede Fehl- oder Schonhaltung beschneidet Ihren Handlungsspielraum und verursacht auf Dauer körperliche und seelische Beschwerden. Dies ist an den inzwischen schon als alltäglich angesehenen Bandscheiben-, Hüft-, Knie- und Nackenbeschwerden zu sehen. Seit Jahren arbeite ich mit einer Sportärztin, Allgemeinmedizinerin und Sportwissenschaftlerin zusammen, um gemeinsame Erkenntnisse auszutauschen und auch auf wissenschaftliche Beine zu stellen. Sie sagt, dass akute oder chronische Rückenbeschwerden den häufigsten Grund für Arztbesuche darstellen. Unphysiologische Körperhaltungen und muskuläre Dysbalancen sind die Hauptursachen dieser Beschwerden. Ausgangspunkt sind dabei oft die Füße, da diese die Basis unserer Haltung und Erdung sind. Deshalb ergibt es Sinn, die Fußmuskulatur durch Beweglichkeitsübungen und Erweiterung der koordinativen Fähigkeiten zu stärken.

Eine Fehlhaltung bedeutet eine Fehlsuggestion an Ihr Inneres!

Wir ändern das und sind auf dem Weg. Lassen Sie sich überraschen!

Das Fundament – Der Anfang von allem

„Wer Brücken baut, muss in Ruhe beim Fundament verweilen." (Anton Bruckner)

„Die Indianer in Amerika hielten die Erde für eine heilige Energiequelle. Sich auf der Erde auszustrecken bedeutete ausruhen, sich auf den Boden zu setzen verlieh Weisheit bei den Beratungen, auf der Erde zu gehen und sie zu spüren machte stark und ausdauernd. Die Erde, ein unerschöpfliches Reservoir an Kraft. Aus diesem Grund sitzt der alte Indianer noch immer auf der Erde, anstatt sich irgendwo höher zu betten, getrennt von den Leben spendenden Kräften. Auf der Erde zu liegen oder zu sitzen bedeutet für ihn, schärfer denken zu können und tiefer zu fühlen; dort kann er die Geheimnisse des Lebens klarer deuten und empfinden." (Frédéric Gros, „Unterwegs", S. 115/116)

In meiner langjährigen Arbeit mit Menschen wurde mir immer mehr bewusst, wie sehr der Kontakt unserer Füße zur Erde die Qualität unseres Lebens beeinflusst. Ein weiterer wesentlicher Aspekt ist die Fußstellung. Ich konnte es lange nicht glauben, aber je mehr ich beobachtete, desto mehr bestätigte sich, dass die Initialzündung für den Gesichtsausdruck, die gesamte Körperhaltung, den Atem und die Stimme von unserem Fundament, den Füßen ausgeht. Die Füße reagieren auf unsere Erziehung, Gedanken, Lebensgeschichte, unser Selbstbewusstsein und richten sich danach ein. Sie stehen entweder fest auf dem Boden, zeigen nach innen oder außen, sie flüchten vor der Erde, hängen in den Fersen oder legen ihren Schwerpunkt auf den Vorderfuß. Manche Füße stehen eng beisammen, andere wiederum sehr breit, manchmal knickt ein Fuß nach innen, der andere nach außen.

All dies hat enorme Auswirkungen auf Ihre Lebens- und Handlungsweise.

Sie haben ja nun schon den ersten Spaziergang gemacht. Wissen Sie, wo Ihr Schwerpunkt liegt und wo Ihre Füße hinzeigen?

Die Füße sind wie das Fundament eines Hauses. Wenn ein Fundament schief ist, wird das Haus wackeln und im schlimmsten Fall einstürzen. Sind Ihre Füße im Ungleichgewicht, wirkt sich das auf Ihren Körper und Ihre Psyche aus.

Es ist durchaus sinnvoll, dass Sie Ihrem Fundament mehr Aufmerksamkeit schenken. Wenn es wackelt, dann wackeln auch Sie. Dies tun Sie nicht nur körperlich, sondern auch als Persönlichkeit mit all Ihren Entscheidungen.

Wenn Ihr Schwerpunkt zu sehr auf den Fersen liegt, werden Sie entscheidungsfreudig, gleichzeitig aber unbeweglich. Veränderungen erfordern einen großen Kraftaufwand. Ein vorsichtiger Bodenkontakt hat die Folge, dass Sie unkonzentriert werden, die Luft anhalten und eventuell mit Entscheidungsschwäche zu kämpfen haben. Die körperliche Anspannung ist groß, aus Angst, Fehler zu machen. Zu schwacher Bodenkontakt nimmt Ihnen das Urvertrauen. Das wirkt sich dann auf die Atmung und die Muskelspannung aus und verhindert Ihr Wohlbefinden. Angehaltener Atem, Schwindel, mangelnde Konzentration, weinerliche Stimme, Entscheidungsmangel können Konsequenzen dieser Ersatzhaltungen sein.

Das ist auf Dauer energieraubend!

Die Füße erzählen nicht nur Ihre Geschichte, sondern sie leiten Informationen an Ihr Gehirn weiter, von denen Sie zumeist nichts wissen. Gehirn, Körper und Seele hören gerne zu und reagieren darauf zuverlässig.

Ist das Fundament, auf dem Sie stehen, stabil?

Mit Ihrer Fußposition und der daraus resultierenden Haltung setzen Sie eine Aktion. Die Resonanz aus Ihrem Umfeld folgt unvermittelt. Ihre Gangdynamik zeigt Ihre Positionierung im Leben. Sind Sie gut verwurzelt, wackelig, schwebend, unentschlossen, bremsend, vorauseilend? Ihr Fundament gibt vor, ob Sie mit Gelassenheit oder permanentem Stress durch Ihr Leben gehen. Können Sie den Moment genießen oder sind Sie gedanklich bereits drei Tage voraus?

Die große Qualität einer authentischen Persönlichkeit ist die Fähigkeit, im „Hier und Jetzt" zu sein. Das hat mit Achtsamkeit zu tun.

All dies sind Auswirkungen Ihrer Haltung auf Ihr Leben, und die erzählt davon, wie Sie im Leben stehen. Diese Geschichte erzählen Sie unbewusst sich selbst und anderen.

Die Füße sind Ihr Fundament und eine Reaktion auf Ihre Persönlichkeit. Gleichzeitig bestimmen Sie Ihre Haltung und Ihre Einstellung zum Leben.

In meinen Seminaren ernte ich während meiner Ganganalysen oft erstaunte Gesichter. Allein die Schritte der jeweiligen Person erzählen, wie groß Selbstvertrauen und Durchhaltevermögen sind und wo die körperlichen als auch seelischen Blockaden liegen. Ich kann erkennen, ob sich ein Mensch achtet und wie er oder sie im Leben steht. Gleichzeitig wirkt sich das auch auf die Stimme aus. Das ist für viele verblüffend, ist aber gleichzeitig eine wunderbare Möglichkeit, aus eingeprägten Bewegungsmustern und unbewussten Bremsvorgängen auszusteigen. Denn sämtliche Haltungen, die aus der Balance geraten sind, werden auf Dauer anstrengend. Es fühlt sich an, als würden wir mit angezogener Handbremse durch unser Leben laufen.

Spaziergang in Ihrem Atemfluss

Sie bereiten sich wieder auf Ihren Spaziergang vor, indem Sie sich abstreifen, Ihre Lippen flattern lassen wie ein Pferd und sich in der Balance einrichten. Atmen Sie ein paar Mal tief ein und aus. Dann gehen Sie langsam los. Beobachten Sie die Umgebung und sprechen Sie nicht. Bleiben Sie stehen und hören Sie bewusst auf die Geräusche um sich und genießen Sie den Moment des Innehaltens. Nehmen Sie die Bilder Ihrer Umgebung auf, ohne Sie zu benennen oder zu bewerten. Atmen Sie tief ein und aus und genießen Sie die Stille. Wenn Sie nun weitergehen, atmen Sie drei Schritte ein und drei Schritte aus. Versuchen Sie, den Atem über die Schritte gleichmäßig zu verteilen. Es ist normal, dass es am Anfang Schwierigkeiten bei der Konzentration auf den Atem gibt. Das machen wir ja sonst nie. Halten Sie immer wieder an und gehen Sie in Ihrem eigenem Atemrhythmus. Dann atmen Sie wieder drei Schritte ein und aus. Variieren Sie nach Lust und Laune. Dieser Spaziergang vertieft die

Atmung und entspannt. Je öfter Sie dies wiederholen, desto schneller stellt sich der Entspannungseffekt ein.

Geschichte am Bach – Die Enten und der Haubentaucher

Die Enten haben sich in Scharen im Fluss versammelt und lassen sich gemütlich abwärts treiben. Plötzlich teilt sich die Gruppe in der Mitte. Sie machen Platz für einen Haubentaucher, der gegen die Strömung kämpft, um dann elegant inmitten der Ehrengarde durchzuschwimmen.

Das kommt mir irgendwie bekannt vor.

Die Anstrengung oder das Mixerbeispiel

Strecke ja nicht durch die Knie,
denn das wirkt sich aus, und wie!
Kiefer ist nun angespannt,
Energie davongerannt.
Stress verbreitet sich im Nu,
lässt dich gar nicht mehr in Ruh!

Letztes Jahr kaufte ich mir einen neuen Mixer. Stolz packte ich ihn aus und probierte das Wunderwerk aus. Ich bereitete einen Kuchenteig vor, mixte Eier und Zucker, siebte nach und nach das Mehl unter und wunderte mich. Obwohl das Gerät seine Arbeit ordnungsgemäß verrichtete, hatte ich das Gefühl, dass es zu schwach sei. Der Motor drehte sich leicht und mühelos. Mein Misstrauen wuchs, daher bat ich meinen Mann, den Neuerwerb näher zu begutachten. Er verstand meine Zweifel nicht, da das Gerät doch funktionierte. Der Eischnee war fertig, der Teig gerührt, also wo lag das Problem?

Mich irritierte die Leichtigkeit, mit der dieses Gerät arbeitete!

Dabei arbeitete es hocheffizient, ohne großen Aufwand und Lärm.

Das sagt doch alles!

Wir glauben, ohne Anstrengung geht gar nichts!

In den letzten Jahrzehnten haben sich in unserer Gesellschaft mehrere Viren ausgebreitet. Zwei davon sind der Perfektions- und der Bewertungsvirus.

Bin ich gut genug?

Diese Epidemie ist ansteckend, verbreitet sich rasant und verlangt uns permanent Höchstleistungen ab. Sie lässt uns blind werden gegenüber unseren natürlichen Potenzialen und treibt uns durch unser Leben mit der Suggestion: „Du kannst es besser." Atemlos strampeln wir uns ab, was uns auf Dauer nicht befriedigt. Beobachtet werden wir von einer Jury, die streng und prominent besetzt ist.

In der Jury sitzen Sie selbst.

Sie beobachten und bewerten sich permanent in puncto Leistung, Verhalten, Fehlerquoten und Aussehen.

Und das ständig!

Unten ein Selbstporträt eines erfolgreichen jungen Managers, wie er sich im Hamsterrad seines Karriere-Lebens sieht.

Entspannt?

Das sagt doch alles!

In meinen Seminaren, die ich in sämtlichen Berufs- und Bevölkerungsschichten halte, bin ich ständig mit dem „Ich muss mich beweisen"-Virus konfrontiert, und ich hüte mich davor, angesteckt zu werden.

Die Formel lautet:

$$\text{Perfektion} = \text{Anstrengung} \times \text{Höchstgeschwindigkeit}$$

Ein weiteres prominentes Jurymitglied ist der Zweifel. Er heftet sich an unsere Fersen und verunsichert uns in höchstem Maße.

Er bewirkt eine Bremse, die sich in verschiedensten Bereichen des Körpers festsetzt: im Becken, im Oberkörper, im Kiefer oder in den Augenbrauen ... Dies verursacht eine ungesunde Körperdynamik, die uns die Energie raubt. Verhältnismäßig rasch.

Aus diversen Gründen (Erziehung, Erfahrung) glauben wir, dass wir nur dann akzeptiert werden, wenn wir etwas leisten und die Erfolge hart erkämpft werden – mit viel Fleiß, Ausdauer und Anstrengung. Je mehr wir uns plagen und uns verbrauchen, desto stolzer dürfen wir auf uns sein. Denn wir haben's uns ja verdient.

Ohne Fleiß kein Preis. Vergessen Sie diesen Spruch augenblicklich!

Warum glauben wir, dass ein Projekt, das wir mit Leichtigkeit durchführen, nichts wert ist? Ist unsere Leistung nur dann etwas wert, wenn wir sie im Schweiße unseres Angesichts erreicht haben?

Womit wir wieder beim Mixer wären.

Auch ich bin davor nicht gefeit.

Obwohl ich mich ständig damit beschäftige, mehr Leichtigkeit in mein Leben zu bringen, ertappe ich mich manchmal dabei, dass ich in Momenten der höchsten Konzentration den Atem anhalte und meinen Brustkorb blockiere. Und dann kostet mich eine Tätigkeit, die ich täglich mache, doppelt so viel Anstrengung. In dem Moment, in dem ich diese Blockade bewusst realisiere, erde ich mich, verwurzle meine Füße mit der Erde, richte mich auf und atme bewusst ein und aus. Und schon geht alles viel leichter.

Das Perfektionsstreben nimmt uns den Atem!

Seien Sie doch einmal ein bisschen weniger perfekt und gestehen Sie sich Fehler zu! Nur so entwickeln wir uns weiter. Eine Fehlerkultur birgt ein großes Innovationspotenzial in sich. Natürlich können Fehler in manchen beruflichen als auch privaten Belangen fatal sein, aber je entspannter Sie mit Ihren Themengebieten und Mitarbeitern umgehen, umso zuverlässiger werden Sie im Lösen Ihrer Aufgaben.

Allein der Ausspruch „Das ist eine schwierige Aufgabe" lässt unseren Atem blockieren und die Konzentration nimmt ab. „Eine spannende Herausforderung" bietet hingegen weitaus mehr Motivation.

In meinen Trainings frage ich die Teilnehmer, was sie ihrer Meinung nach ganz besonders gut können.

Zuerst ernte ich einmal ratlose Gesichter, und dann kommen seitens der Damen und Herren höchst unterschiedliche Reaktionen.

Während die Damen in nachdenkliche, angestrengte Posen verfallen, richten sich die Herren auf, atmen in den Brustkorb und stellen die Füße breit auf den Boden. Dann antworten sie geschlechterspezifisch höchst unterschiedlich.

Während die Herren mühelos und selbstbewusst ihre zahlreichen Stärken darlegen, mühen sich die Damen fast entschuldigend damit ab, ein bis zwei ihrer Potenziale preiszugeben. Es gibt natürlich Ausnahmen, aber meine Erzählung repräsentiert die durchschnittliche Verhaltensweise der Seminarteilnehmerinnen. Das ist für mich überaus erstaunlich, und es muss wohl an der geschlechterspezifischen Erziehung liegen, dass der Großteil der Männer stolz auf ihr Können ist, hingegen Frauen dazu neigen, bescheiden in den Hintergrund zu treten. Ich möchte betonen, dass dies keine maßlose Übertreibung von mir ist, sondern immer wieder erlebte Tatsache. Ich sehe es ständig und bin der Meinung, dass dieses Verhaltensmuster im 21. Jahrhundert hinterfragt werden sollte.

Die Antworten, die dann kommen, haben selten mit der individuellen Persönlichkeit zu tun. Wenn ich dann näher nachfrage, wird vielen bewusst, dass sie auf ihre eigentlichen Potenziale gar nicht hinschauen, da sie zu naheliegend sind und somit unbedeutend erscheinen. Das wäre ja zu einfach.

Und warum erscheinen ihnen diese Potenziale unbedeutend?

Weil sie uns leichtfallen und keine Mühe erfordern. Aus irgendeinem Grund glauben wir, dass das, was uns leichtfällt, nichts wert ist. Wieso eigentlich? Wer erzählt uns das? Es ist erwiesen, dass jedes persönlich angelegte Potenzial die Persönlichkeit eines Menschen positiv verstärkt. So kommen wir unserer Authentizität wieder ein Stückchen näher. Vertrauen Sie der Wirkung Ihrer Persönlichkeit. Sie müssen keine Rolle spielen. Wenn Sie Schauspielambitionen haben, wechseln Sie den Beruf. Es geht um Sein und nicht um Schein. Wollen Sie wirklich Protagonist in einer Schmierenkomödie sein?

Wichtig ist, den Bezug zur eigenen Lebendigkeit herzustellen.

Ab dem Moment, in dem Sie ganz bewusst mit jedem Wort, das Sie sagen, mit der Bewegung Ihrer Arme, der Verbindung Ihrer Füße zum Boden verbunden sind, sind Sie da. Sie werden greifbar und entwickeln Ihre persönliche Strahlkraft. Sie verströmen Charme und Charisma, so wie es Ihrer Persönlichkeit entspricht.

Mögliche Potenziale: Assoziatives Denken, Flexibilität, Heiterkeit, Toleranz, Spontaneität, kreatives Denken, guter Zuhörer, Humorfähigkeit, positives Denken …

Alle diese Fähigkeiten sind wichtige „Soft Skills", die ein gut funktionierendes Team unschlagbar machen.

Wenn Sie nicht wissen, was Sie unverwechselbar macht, wie soll es ein anderer erahnen? Was fällt Ihnen ganz besonders leicht? Sehen Sie hin.

Mehr Leichtigkeit durch bewussten Geh-Impuls

Ich möchte Ihnen nun einen kleinen Tipp geben, bevor Sie losschlendern. Allein dieser Hinweis nimmt Ihnen Druck aus dem Leben und Sie können im Vertrauen durch Ihr Leben bummeln. Sie verlieren dabei keine Zeit und sparen Energie!

Es ist nur eine klitzekleine Kleinigkeit und hat einen wunderbaren Effekt. Sie bleiben mit sich verbunden und nähern sich so Ihrer ureigenen Entscheidungskraft und Authentizität.

Beobachten Sie Ihren Geh-Impuls!
Anleitung: Stellen Sie sich in Hüftbreite hin. Sie haben nichts anderes zu tun, als bewusst loszugehen. Achten Sie, welcher Körperbereich im ersten Moment des Losgehens nach vor zieht. Ein Bereich des Körpers ist zuständig für Ihre Dynamik im Leben.

Dies könnten sein: der Fuß, das Knie, das Becken, der Bauch, der Brustkorb, die Schultern, der Hals, der Kopf.

Gehen Sie mehrmals los und bleiben Sie immer wieder stehen. Erkennen Sie den dominanten Bereich, der zuerst nach vor zieht?

Sollte der Geh-Impuls aus den Bereichen oberhalb der Gürtellinie kommen, erhält Ihr Gehirn eine Stressinformation. Die Folgewirkung ist, dass Ihr Atem blockiert und Sie die Luft anhalten. Das raubt Ihnen die Konzentration. Sie sehen, bereits dies führt zu einer Kettenreaktion.

Diese Erkenntnis kann Ihr Leben verändern!

Lassen Sie Ihren Fuß den Impuls geben, d. h. der Fuß geht bewusst los, setzt mit der Ferse auf dem Boden auf. Ab dem Moment, in dem Sie den Fuß abzurollen beginnen, folgt der gesamte Körper. Das ist Gehen im Vertrauen. Probieren Sie dies aus. Sie werden sofort spüren, dass sich Körper, Geist und Seele sofort entspannen. Der Atem fließt, da Sie in einen Geh-Rhythmus kommen, der Sie nicht überfordert. Sie gehen mit sich selbst spazieren und können sich unterwegs gar nicht verlieren. Herrlich!

Spaziergang – Rendezvous mit mir – Gehen Sie mit sich spazieren

Jetzt geht's los – Ihr Fuß ist Ihr Boss!

Nun schlendern Sie mit dem neu gewonnenen Wissen los und genießen Sie jeden Schritt. Halten Sie immer wieder an, spüren Sie bewusst den Boden, erden Sie sich und dann lassen Sie Ihre Füße wieder navigieren. Der Oberkörper folgt im Vertrauen.

Gehen Sie, solange es Ihnen Spaß macht, und lassen Sie Ihre Gedanken fließen.

Spüren Sie die Entspannung?

Wenn Sie sich diesen Gehimpuls zur Gewohnheit machen, schlendern

Sie geradewegs in Ihren Mut und Ihr Vertrauen, und als Draufgabe erhalten Sie noch eine Portion Gelassenheit.

Dies ist ein bewusstes Gehen im Vertrauen.

Gelassenheit und Vertrauen entstehen durch entspanntes Schlendern.

Brigitte und die Perfektion

Ich erzähle Ihnen die Geschichte von Brigitte, für die diese Erkenntnis lebensverändernd war.

Brigitte, eine junge hübsche Frau, kam zu mir ins Einzeltraining mit dem Wunsch, gelassener zu werden und mehr Vertrauen zu sich und ihren Fähigkeiten zu gewinnen. Sie war bereits in einem Kurzseminar bei mir gewesen und war davon überzeugt, dass sie über den Körper ihr Vertrauen zurückgewinnen könnte. Intuitiv.

Brigitte wirkte sehr gehetzt und betonte, dass sie sich und auch den Boden unter ihren Füßen kaum spürte. Ihr Kopf zog nach vor, ihr Blick war unruhig, sie atmete sehr oberflächlich und der Bodenkontakt war flüchtig/end. Sie sprach sehr schnell, machte keine Pausen zwischen den Sätzen und richtete ihren Blick sehr oft zum Boden. Sie konnte sich kaum auf ihr eigenes Sprechen konzentrieren, was den Eindruck eines sprechenden Roboters machte.

Ihr Körper und ihre Seele hatten große Mühe, dem Geist zu folgen, der selbst auf wackeligen Füßen stand.

Brigitte erfüllte alle ihre Aufgaben mit Akribie und Perfektion und gönnte sich kaum Ruhepausen. Dieses Lebenstempo nahm ihr den Atem, sie ging und sprach schnell und rastlos und verlor mehrmals den Faden. Ihre Körperhaltung war gleichzeitig eine Entschuldigung für alles, was sie sagte und tat. Gleichzeitig litt sie unter ihren kreisenden Gedanken, die ihr ständig zuflüsterten, was noch zu erledigen sei. Eine Folgeerscheinung daraus war Schlaflosigkeit. Selten nahm sich Brigitte Zeit für ihre eigenen Bedürfnisse. Stehenbleiben und Innehalten waren Dinge der Unmöglichkeit. „Nichtstun" war in ihrem Gehirn gleichbedeutend mit Nutzlosigkeit und verlorener Zeit. Ihr Leben war gefüllt mit Aktivität.

In Beruf und Haushalt herrschte Perfektion, in ihrem Inneren Chaos. Nicht einmal nach der Arbeit gestattete sie sich, die Beine hochzulegen und auszuruhen. Es war ja so viel zu tun, und so steuerte Brigitte geradewegs auf ein „Burnout" zu. Viel Aktivität und wenig Befriedigung. Brigitte spürte sehr wohl, dass sie so nicht weitermachen konnte. Sie zog bewusst die Notbremse und beschloss, diesen untragbaren Zustand zu beenden.

Zu Beginn meiner Trainings mache ich immer eine Ganganalyse, die sehr viel über die jeweilige Persönlichkeit und ihre Denk- und Handlungsweise aussagt. Brigittes Gang erzählte, dass sie sich schon sehr früh beweisen musste, selten gelobt wurde und niemals eine positive Bestätigung für ihre Leistungen erhielt. So suchte sich ihr Körper eine Haltung, die sie dazu aufforderte, sich über ihre Leistung zu beweisen. Der Kopf zog nach vor und der Körper versuchte, ihr zu folgen. Das führte zu einer permanenten Überforderung, die eine große Erschöpfung verursachte. Ich sah sehr schnell, dass Brigitte den Kontakt zum Boden und somit die Verbindung zum „Hier und Jetzt" verloren hatte. Ihr Kopf hatte das Regiment übernommen und suggerierte ihr: „Mach weiter, mach's besser, mach's perfekt." Brigitte hatte den Körperkontakt und somit das natürliche Gespür für ihre tatsächlichen Bedürfnisse verloren. Ihre Leistungen sah sie nicht, somit erhielt sie auch keinerlei Befriedigung. So hetzte sie durch ihr Leben auf der Suche nach dem Glück.

Ich bat Brigitte, stehen zu bleiben und den Boden bewusst zu spüren und auszuatmen. Einen besseren Bodenkontakt erreichte sie, indem sie mit ihrem Körper mehrmals in beide Richtungen kreiste. Ihre Aufmerksamkeit richtete sie auf ihre Füße. Sie ließ die Kreise immer größer und danach kleiner werden. Dann hielt sie inne. Bereits diese kleine Übung hatte den Effekt, dass sie eine bessere Verbindung mit dem Boden hatte, tiefer atmete und in Balance kam. Ihre Haltung richtete sich automatisch auf. Nun bat ich Brigitte, zu gehen und zu beachten, dass ihre Füße den Rhythmus vorgeben. Brigitte erdete sich und ging los. Dies führte dazu, dass sie bei sich und ihrem eigenen Rhythmus blieb. Sie erhielt nun über den Körper die Information des äußeren und inneren Gleichgewichts, was die Basis für ein entspanntes Leben ist. Brigitte spürte sich nach Langem wieder ganzheitlich und strahlte. Ich riet ihr, ihre täglichen Routinen mit langsamen Spaziergängen in der Natur zu unterbrechen. Es ist so einfach.

Bei den darauffolgenden Trainings erzählte mir Brigitte, dass sie seit der Haltungs- und Gehoptimierung ihre Entscheidungen viel selbstbewusster trifft und ihr Sprech-Rhythmus sich verlangsamt hatte, ohne dass sie bewusst darauf geachtet hätte. Sie ist mit ihrem Sprechen verbunden, lässt im entscheidenden Moment ihre Worte wirken und wartet geduldig die Reaktion ihrer Gesprächspartner ab. So kann sie auf die jeweilige Herausforderung bewusst reagieren. Vorher hatte sie die Angewohnheit, die Menschen „niederzureden" (Eigendefinition), aus lauter Angst, dass ihre Vorschläge bezweifelt würden. Die junge Frau wird nun von ihrem Vorgesetzten als sehr eigenständig wahrgenommen und ihr Aufgabengebiet erweitert sich ständig. Brigitte kann nun ihre Kreativität ausleben und erfährt dabei eine große Befriedigung. Und dabei bleibt sie entspannt.

„Glück ist, zu sich selbst zurückzukommen und nicht zu erschrecken." (Walter Benjamin, Philosoph)

Geschichte am Bach – Der Schwan

Bei meinem heutigen Spaziergang begegnete mir ein wunderschöner weißer Schwan. Nachdem ich ihn erblickt hatte, stellte ich mich nah an den Bach, um ihn zu beobachten. Auch mein Hund saß ganz ruhig da und schaute auf das erhabene Tier. Der Schwan kam immer näher an uns heran und verharrte. Wir blickten uns mehrere Minuten in die Augen und vergaßen alles um uns herum. Dann ging ich mit meinem Hund weiter. Nach ein paar Minuten bemerkte ich, dass der Schwan neben uns herschwamm und uns nicht aus den Augen ließ. Wir kamen zu einer Brücke und blieben darauf stehen. Der Schwan schwamm unter der Brücke durch, und ich wechselte die Straßenseite, um auf der anderen Seite in den Fluss zu schauen. Der Schwimmvogel glitt unter der Brücke durch und blickte zu uns hoch und verharrte. Es war ein magischer Moment.

Der Impuls

"Vor einer kleinen physischen Handlung gibt es einen Impuls. Hierin liegt das Geheimnis von etwas sehr schwer Erfassbarem, weil der Impuls eine Reaktion ist, die unter der Haut beginnt und nur dann sichtbar ist, wenn sie bereits zu einer kleinen Handlung wurde." (Jerzy Grotowski, „Gurdjieff", S. 54)

Ich erwähnte bereits im Kapitel „Erste Gehversuche" den Impuls, der Sie in ein bewusstes Gehen bringt. Dies ist eine Aufforderung an sich selbst, selbstbestimmt zu handeln und bei sich zu bleiben.

Wie ich Ihnen bereits erzählt habe, bitte ich meine Seminarteilnehmer am Anfang des Seminars, aufzustehen und durch den Raum zu gehen. Allein diese Aufforderung löst eine paradoxe Reaktion aus. Der Großteil der Leute schaut irritiert, hält die Luft an, da sie nun etwas „richtig" machen müssen und sich beobachtet fühlen.

Dann gehen sie los und bewegen sich im Raum. Nach einer Weile bitte ich sie, stehen zu bleiben und gleich wieder loszugehen – so wie Sie das bei Ihren ersten Spaziergängen getan haben. Durch die Anspannung, die sich in ihren Körpern breitmacht, sieht das so aus, als würden einige keine Verbindung zum eigenen Körper haben. Der Körper geht nicht – er wird gegangen. Dann bitte ich die Teilnehmer nochmals, stehen zu bleiben und mit dem Impuls „Ich gehe" loszugehen, und es macht „Klick". Und alles ist anders.

Diese kleine Übung zeigt sehr schön, wie schwer wir es uns machen. Wir erledigen Alltägliches wie selbstverständlich, aber kaum sieht uns jemand zu, verspannen wir uns, aus Angst davor, Fehler zu machen.

Der Impuls schafft einen Bezug zwischen Gehirn und Körper, zwischen Wollen und Tun. Der Impuls schafft Aufmerksamkeit und Klarheit. Es ist, als hätten sie sich gleichgeschaltet.

Bewusst mit dem Impuls zu arbeiten bringt eine enorme Verbesserung der Lebensqualität. Jeder findet für sich eine andere Möglichkeit, ihn einzusetzen. Es ist sehr sinnvoll, wenn Sie bereits in der Früh damit beginnen, denn so bleiben Sie bei sich und Ihrer Entscheidungsfähigkeit, und Sie werden auch als ernst zu nehmender Entscheidungsträger wahrgenommen. Geben Sie sich bewusst Impulse vor dem Gehen, Impulse vor dem Sprechen und Impulse vor dem jeweiligen Handeln.

Mit dem Impuls erhöhen Sie Ihre Präsenz! Das hat mit bewusstem Handeln zu tun!

Gehen Sie oder geht es Sie?

Wie haben sich Ihre ersten Spaziergänge angefühlt? Ist Ihnen dabei etwas aufgefallen? Ich biete Ihnen nun eine kleine Hilfestellung, sich selbst noch einmal genauer zu betrachten.

Wie sind Sie losgegangen? Bewusst oder hatten Sie das Gefühl, Sie wurden gegangen? Irgendwie, ohne eigene Beteiligung. Haben Sie Ihre Arme mitbewegt? Wenn Sie einfach nur gehen, ohne jemals darüber nachzudenken, dann sieht es genau danach aus, hat aber nichts mit „Bewusstsein" zu tun. Sie gehen nicht, sondern „es geht Sie", und das spüren Sie und andere sehen es und reagieren darauf, indem sie massiv in Ihr Leben eingreifen. Sie werden ein Werkzeug der Manipulation.

Sie werden gelebt.

„Solange ein Mensch nicht bewusst spricht, nicht bewusst seine Worte wählt, nicht bewusst Kontakt zum Klang seiner Stimme sucht, nicht bewusst durch sein Leben geht, wird er immer angreifbar sein und hinter einer Maske verschwinden." (AnLaKa)

Der **Impuls** ist ein entscheidender Faktor für Ihre Authentizität und Ausstrahlung. Wenn Sie kein Bewusstsein für sich selbst haben, wie soll dann ein anderer Mensch Zugang zu Ihnen finden? Der Impuls hat sehr viel mit Selbstbestimmung zu tun. Gleichzeitig ist dies eine Möglichkeit, sich jederzeit in den gegenwärtigen Moment zu bringen.

Viele Menschen haben sich schon lange nicht mehr getroffen, dabei ist die Sehnsucht nach sich selbst so groß.

Aktive Arme machen mutig und selbstbestimmt
Bewegen Sie Ihre Arme während des Gehens mit oder pendeln sie an Ihrer Seite, als würden sie nicht zu Ihnen gehören? Die Arme haben sehr viel mit Selbstbewusstsein zu tun. Aktivieren Sie Ihre Hände und Arme, indem Sie sie bewusst beim Gehen mitbewegen, so bekommt Ihr Gehirn die Information des selbstbestimmten Handelns, und das strahlen Sie auch aus.

Wenn Sie sprechen, dann schwingt der ganze Körper mit und bildet mit den Sprechorganen und den Händen ein Schwingungsmuster. Die Hände schwingen in der Kommunikation immer mit und sind der geistigste Teil des menschlichen Körpers. Mit ihnen kann man Menschen ganz nahe kommen.

Gehen Sie einmal ein paar Schritte und aktivieren Sie Ihre Hände und Arme, indem Sie sie mitbewegen. Dann gehen Sie auf ein von Ihnen gewähltes Ziel zu. Das kann eine Tür, ein Fenster oder auch eine andere Person sein. Gehen Sie mit aktiven Armen.

Wie fühlt sich das an?

In meinen Seminaren nehmen sich die Teilnehmer nach der Aktivierung der Arme sehr präsent wahr und spüren einen wohltuenden Unterschied. Sie vermitteln den Eindruck, dass sie wissen, was sie wollen. Und das ohne Worte.

Es wird Zeit, dass Sie Ihr Leben in die Hand nehmen. Ohne Hände gehen die haptischen Reize und auch jegliche Form des persönlichen Ausdrucks und der Sinnlichkeit verloren.

Sehr oft sagen mir Seminarteilnehmer, dass sie während ihrer Vorträge nicht wissen, was sie mit ihren Händen und Armen tun sollen. Ich erkläre ihnen dann, dass der fehlende Bodenkontakt den Energiefluss blockiert und den Kontakt zu den Armen unterbricht. Sie fühlen sich überflüssig an. Das können Sie ändern!

Deshalb gehen Sie in Ihrem Alltag immer wieder ganz bewusst und aktivieren Sie Ihre Arme. So wird sich auf natürliche Weise Ihre individuelle Bewegungsform entwickeln. Dann brauchen Sie nicht mehr darüber nachzudenken, und in Ausnahmesituationen werden Ihre Arme das tun, was der Situation entspricht. Einstudierte Bewegungen, wie es oft in Körperspracheseminaren „verkauft" wird, rauben Ihnen die Konzentration und lassen Sie unkoordiniert erscheinen. Aktivieren Sie Ihre eigene Bewegung, indem Sie Ihre Arme bewusst in Ihr Leben integrieren. Sie sind dafür da, benutzt zu werden. Sobald Sie darüber nachdenken müssen, ist es keine natürliche Bewegung mehr.

Hier geht es darum, über das Gehen in das aktive Handeln zu kommen. Wenn Sie dies in Ihr Leben einbauen, ändert sich alles – Ihr Selbstwert, Ihre Tatkraft, Ihre Energie und Ihre Zufriedenheit.

Übung
Stellen Sie sich in Hüftbreite hin und stellen Sie sich vor, Ihre rechte Hand und Ihr Arm seien eine Schlange, die plötzlich aus dem Korb steigt. Sie macht sich selbstständig, und Sie folgen dem Reptil mit Ihren Augen. Die Schlange wird immer beweglicher und der ganze Körper folgt. Spielen Sie mit und atmen Sie. Dasselbe machen Sie mit der linken Hand. Legen Sie eine schöne CD ein und verwandeln Sie sich in eine Schlange. Folgen Sie Ihren Fingern und Händen in sämtliche Richtungen. Aktivieren Sie sich von Kopf bis Fuß. Impulsgeber bleiben jedoch immer die Hände.

Diese Übung aktiviert die gute Laune und macht Sie frei!

„Die Hand ist das äußere Gehirn des Menschen." (Immanuel Kant)

Betrachten Sie alle diese Möglichkeiten und nehmen Sie sich bewusst wahr. Es geht nur um das Hinsehen! Analysieren Sie sich nicht, nehmen Sie wahr. Es gibt Wege und Möglichkeiten, mit einfachen Übungen Fehlhaltungen loszulassen, um in die gesunde neutrale Grundhaltung zu kommen. Da dies in uns angelegt ist, können Sie diese Ressourcen wachküssen. Erfahrungsgemäß ist der erste Schritt in die Veränderung das Hinsehen, Erkennen und Akzeptieren. Dann können Sie loslassen.

Der ökonomische Gang

Im Rahmen meiner Tätigkeit als Trainerin für authentische Haltung und Handlungsweise bin ich natürlich immer wieder auf der Suche nach interessanter Lektüre zum Thema „Gehen". Ich las einen spannenden Zeitungsartikel, den ich Ihnen nicht vorenthalten möchte.

In einer wissenschaftlichen Studie wurde erforscht, dass es eine ökonomische Gangart gibt. Wissenschaftler untersuchten, welcher Gehstil energiesparend und gleichzeitig gesund ist. Dies beginnt mit dem bewussten Abrollen der Füße von der Ferse über den Ballen bis hin über die Zehen. Das Becken schwingt mit und die Arme bewegen sich aktiv während des Gehens mit. So ist der gesamte Körper in Bewegung, und Sie fühlen sich frisch und munter. Der Körper wird durchblutet, der Kreislauf angeregt und Blockaden werden aufgelöst.

Na, wer sagt's denn?

Das Ausprobieren des ökonomischen Gehens löst bei meinen Seminarteilnehmern immer wieder Erstaunen aus, da die ganzheitliche Bewegung ein herrliches Wohlgefühl bewirkt. Gleichzeitig hat es den angenehmen Nebeneffekt, dass Sie von Ihren Mitmenschen selbstbewusster und präsenter wahrgenommen werden. Dies wirkt nach innen und nach außen. So funktioniert die Wechselwirkung zwischen Körper und Psyche.

Überlegen Sie einmal, wie aktiv Ihre Arme während des Gehens beteiligt sind, und probieren Sie den Unterschied aus, mit aktiven oder passiven Armen zu gehen. Beobachten Sie in Ihrem beruflichen oder privaten Umfeld, welche Information Sie bekommen, wenn jemand während des Gehens oder Sprechens seine Arme unbeteiligt neben sich baumeln lässt oder sie aktiv benutzt. Daran können Sie viel erkennen. Eine spannende Geschichte. Lassen Sie sich überraschen!

Übrigens: Wenn Ihre Arme und Hände aktiv mit Ihrem Handeln verbunden sind, verstärkt dies das Gesagte, und Sie fühlen sich selbstbewusst und werden auch so wahrgenommen. Diese psychisch als auch physisch gesunde Bewegung macht „Mobbing" unmöglich.

Beobachten und erfahren Sie

Ich benenne die Beobachtung von Menschen und Haltungen als „Alltags-Watching", eine leicht abgeänderte Form des „Lobby Watching", das von *Oliver Hardy* (aus „Dick und Doof") als Kind mit Leidenschaft betrieben wurde. Durch Beobachtung und das Karikieren von Körperhaltungen der Hotelgäste seiner Mutter konnte sich *Hardy* sehr gut in diese Menschen hineinfühlen und entwickelte so seine unnachahmliche Kunstfigur, die sich quer durch sämtliche Emotionen balancierte. Da ich es von der Bühne her gewohnt bin, über den Körper in Rollen hineinzuschlüpfen, ist mir diese Fähigkeit zum zuverlässigen Partner in meinen Seminaren geworden. Ich arbeite gerne mit Körperkarikaturen, die ich als AnLaKa-Methode bezeichne, was so viel wie Analyse, Lachen und Karikatur bedeutet. Ich karikiere die individuellen Körperhaltungen der Seminarteilnehmerinnen und vermittle ihnen dadurch ein Gefühl für ihre eigene Bewegungsweise. Dies bringt sie zum Lachen, da die Darstellung nun doch ein wenig grotesk ist. Dies ist jedoch leichter zu akzeptieren als eine Videoaufzeichnung. Ursprünglich arbeitete ich mit einer Videokamera, verzichtete aber sehr bald darauf, da die Erfahrungen zeigten, dass die Teilnehmer nicht auf das Wesentliche achteten und gleichzeitig blockiert wurden. Sie schauten nicht auf ihre Haltung, sondern betrachteten mit unerbittlicher Miene ihre Figur, ihre Frisur, ihre Nase, den Klang der Stimme, ihr Bäuchlein etc. Das führte dazu, dass alle dasaßen und ihre Köpfe schüttelten, sich streng bewerteten und alles Negative kommentierten. „O Gott, meine Stimme, wie schau ich denn da aus, schrecklich …" Dies war für unser gemeinsames Ziel, ein Gespür für sich und seine Ressourcen zu entwickeln, mehr als kontraproduktiv. Deshalb griff ich auf mein Handwerkszeug zurück und karikiere seither die jeweiligen Körperbilder. Das Spannende daran ist, dass ich dadurch die Handlungsweise der Personen erspüren kann. D. h. eine bestimmte Haltung verursacht das dazu passende Gedankenbild, das bestimmend für jedes weitere Handeln ist. Nur wissen das die wenigsten.

Zuerst denken wir, dann reagiert der Körper mit der jeweiligen Haltung. Umgekehrt ist es aber auch möglich, durch die Änderung der Haltung aus Gedankenmustern auszusteigen und uns neu zu positionieren. Haltung ist Positionierung.

Mit Ihrer Körperhaltung haben Sie eine Suggestion, von der Sie meist keine Ahnung haben. Probieren Sie's mal aus – das können Sie auch. Dies ist nur eine weitere Bestätigung dafür, dass Körper, Geist und Seele nicht zu trennen sind. Und der Körper reagiert auf jede Situation zuverlässig. Wenn Sie zu Resignation neigen, wird sich das in Ihrem Haltungsbild zeigen. Das Schöne daran ist, dass Sie über das bewusste Realisieren Ihrer Haltung diese korrigieren und somit Gewohnheiten verlassen können. Eine neutrale Grundhaltung bewirkt eine Veränderung im Moment.

Dies hat nichts mit Manipulation zu tun! Das ist mir wichtig!

Die Erdung oder neutrale Grundhaltung, die ich im nächsten Kapitel beschreiben werde, wird in vielen Kulturkreisen als selbstverständlich empfunden. Die Effekte sind so einfach und mehr als positiv. Wenn Sie dieses Lebenshandwerk erlernen, ersparen Sie sich viel Ärger und Stress, und Sie haben plötzlich genügend Energie für Dinge, die Sie wirklich wirklich gerne tun (im Sinne von *Frithjof Bergmann*) – sinnvoll und ökonomisch.

Nun wird es wieder Zeit, ein paar Schritte zu gehen.

Spaziergang – Ökonomisch und aktivierend

Bereiten Sie sich mit den bereits beschriebenen Übungen vor, indem Sie sich neutralisieren.

Gehen Sie nun mit dem schon beschriebenen Impuls „Ich gehe" los, setzen Sie bewusst Ihre Ferse auf, rollen Sie über den Vorderfuß bis über die Zehen ab und spüren Sie die Energie, die Sie belebt. Genießen Sie dieses Wohlbefinden und gehen Sie ein Weilchen so weiter. Dann bleiben Sie stehen. Spüren Sie den Boden. Gehen Sie nun noch einmal mit Impuls, aufgerichtet und mit abrollenden Füßen los und nehmen Sie bewusst Ihre Arme mit, die sich aktiv am Gehen beteiligen. Gehen Sie so weiter, so lange Sie wollen, und legen Sie immer wieder Zwischenstopps ein. Dies sind bewusste Entspannungsphasen, in denen Sie den Bodenkontakt intensivieren können und bewusst ein- und ausatmen.

Dieser Spaziergang ist sehr aktivierend und macht frisch. Gleichzeitig sind Sie Ihrer Authentizität und Ihrem Potenzial ein Stückchen näher gekommen.

Tipp: Gehen Sie täglich, immer wieder in diesem aktiven Gang, und Sie werden bereits nach diesem kleinen Impuls Veränderungen im Innen als auch im Außen realisieren.

Mit dem ökonomischen Gang unterstützen Sie sich und Ihre Persönlichkeit. Charisma und Ausstrahlung werden gestärkt und Ihr Selbstbewusstsein kann sich entfalten. Nutzen Sie diese positive Ressource. Es ist ganz einfach.

Geschichte am Bach – Die Ente und der Erpel

Eine Ente schwimmt allein im Wasser und hält ihren Kopf genießerisch in die wärmende Sonne. Plötzlich kommt ein Erpel im Sturzflug und lässt sich mit einem lauten Platsch ins Wasser fallen. Die Entendame beeindruckt das nicht. Der Enterich versucht, das Interesse seiner Begehrten zu wecken, indem er sie im Wasser umkreist. Nach kurzer Zeit verharrt er still und die Dame dreht langsam den Kopf in seine Richtung. Sie betrachten sich von der Seite, verweilen und lassen sich nicht mehr aus den Augen. Die Zeit scheint stillzustehen.

Neutrale Grundhaltung – Lebenshandwerk

Die Erdung oder neutrale Grundhaltung ist ein natürlicher Zustand, der keine Bewertungen zulässt und die Balance symbolisiert. Die Neutralität ist wertfrei und bietet jedem Menschen die Chance, aus Gewohnheiten auszusteigen, sich und sein Leben neu zu entdecken. Jede Situation und Begegnung hat Perspektiven und eine große Chance der Entwicklung. Dies ist die Basis für jegliches Handeln. Wenn Sie die Erdung in Ihr Leben einbauen, kehrt eine herrliche Leichtigkeit ein, und Sie betrachten Ihre Lebensherausforderungen gelassener.

Meine persönliche Erfahrung mit der Erdung

Während meiner Theaterzeit bildete ich mich ständig bei Theaterexperten für Körper-, Improvisations- und Clownstheater weiter. Je intensiver ich mich mit mir und meinem Körper auseinandersetzte, desto klarer wurde mir, dass das Gelingen meiner Unternehmungen zum Großteil mit meiner inneren und äußeren Haltung zusammenhing. Da meine Körperhaltung entenähnlich war, sprich klassisches Hohlkreuz, hatte ich eine permanente Stresssuggestion, von der ich nichts wusste. Ich spürte sie jedoch. Durchgedrückte Knie, nach hinten rausgestrecktes Becken, angespannter Brustkorb und nach hinten gezogene Schultern lösten solch ein Missverhältnis in mir aus, dass ich immer unter Druck und selten entspannt war.

Strecke ja nicht durch die Knie,
denn das wirkt sich aus, und wie!
Kiefer ist nun angespannt,
Energie davongerannt.
Stress verbreitet sich im Nu,
lässt dich gar nicht mehr in Ruh!

Damals wusste ich noch nichts über die wohltuende Erleichterung, die mir eine ausgewogene Haltung bringen kann. So nach und nach lernte ich ein ausbalanciertes Körper- und Lebensgefühl, indem ich meine Aufmerksamkeit immer wieder auf mein momentanes Körperbild richtete. Ich entwickelte ein Sensorium für die Zusammenhänge von Fußstellung, Körperhaltung, Atmung, Stimme und psychischer Befindlichkeit und entdeckte, dass die körperliche Balance eine optimale Basis für jegliches Handeln darstellt. Mit der Optimierung meiner Haltung bekommen Psyche und Gehirn die Information der Ausgewogenheit und reagieren darauf. Hohlkreuz und permanente Spannungen sind schon lange Vergangenheit. Die Erdung ist zu einem inneren und äußeren Normalzustand geworden, und ich möchte die wohltuenden Auswirkungen einer ausgewogenen Haltung in meinem Leben nicht mehr missen. Schon mehrmals hat mich die Erdung vor größeren Unfällen bewahrt, da ich weitaus koordinierter geworden bin und mein Körper weiß, wie er sich in das Gleichgewicht bringen kann. Auch in Zeiten großer emotionaler oder beruflicher Herausforderung ist die Erdung ein vertrauter Begleiter, der mir hilft, bei mir und auf dem Boden zu bleiben und gleichzeitig die Aufrichtung beizubehalten. Geerdet und aufgerichtet treffe ich mit Vertrauen meine Entscheidungen und stehe dazu!
Dies ist ein Lebenshandwerk und funktioniert so einfach.

Wie meistern Sie Herausforderungen?

Denken Sie an Ihre letzte Auseinandersetzung. Meist geht man bereits mit großer Anspannung in eine Konfliktsituation und vermittelt ohne Worte, dass es Probleme geben wird. Das ist eine denkbar ungünstige Ausgangslage und erschwert Problemlösungen.

Sie sollten wissen, welche Geschichte Ihr Körper erzählt, wenn Sie mit Menschen arbeiten.

Achten Sie darauf, dass Sie Ihre Anspannungen nicht in Situationen mitnehmen, die nichts damit zu tun haben. Das löst Missverständnisse aus.

Wie funktioniert das?

Wenn Sie einen Konflikt in sich tragen, sehen Sie hin, nehmen Sie wahr und neutralisieren Sie sich anschließend über die Erdung. Das heißt, Sie lassen die Spannung über die Ausatmung und den Bodenkontakt in die Erde ab. Wischen Sie sich mit dem bereits beschriebenen Ritual die Anspannung vom Körper, flattern Sie mit den Lippen und gehen Sie mit einem positiven Impuls in die Situation, die es zu lösen gilt. Betreten Sie den Raum, kommen Sie an, atmen Sie aus und erden Sie sich. Erst dann beginnen Sie zu sprechen. So vermeiden Sie die Übertragung Ihrer Spannung auf die Protagonisten.

Ausgangspunkt für die Auseinandersetzung mit dem Thema „Haltung und Gehen" war meine eigene Suche nach einem entspannten Leben. Da ich, wie bereits erzählt, selbst unter großen Spannungen, Ängsten und Unsicherheitszuständen litt, suchte ich für mich einen Weg, der mir mehr innere Sicherheit gab. Und ich habe ihn gefunden. Über den Körper, womit wir wieder beim Gehen sind.

Ausgangspunkt ist folgende Übung, die zu Ihrer Grundhaltung werden sollte. Je öfter Sie dies in Ihre Tagesabläufe einbauen, desto natürlicher wird die Empfindung der Neutralität, die Sie wertfrei in jede Situation gehen lässt. Damit habe ich die besten Erfahrungen, und auch die Rückmeldungen unzähliger Seminarteilnehmer bestätigen dies.

Wenn Sie Ihre persönliche Art zu gehen bewusst realisiert haben, biete ich Ihnen eine wunderbare Übung an, um Ihren Bodenkontakt zu optimieren.

Erdung und Aufrichtung

„Auch wenn Sie sich in einer momentanen Schieflage befinden, Erdung funktioniert immer."

Stellen Sie sich folgendes Bild vor:
Sie sind ein Mensch zwischen Himmel und Erde. Mit Ihren Füßen stehen Sie in Hüftbreite auf der Erde, die Sie mit Vertrauen, Selbstsicherheit, Entscheidungsfähigkeit und Standfestigkeit über Ihre Wurzeln versorgt. Der aufgerichtete Körper und Kopf Richtung Himmel steht für die Fähigkeit, zu sich und seinen Entscheidungen langfristig zu stehen. Die Aufrichtung hat auch mit Kreativität, Ideenreichtum und Mut zu tun. Erdung und Aufrichtung bilden eine ideale Partnerschaft und sind ein archaisches Bild des ausbalancierten Menschen.

Die folgende Übung ist das Grundhandwerkszeug für Ihr Leben!

Stellen Sie sich bequem in Hüftbreite hin, die Fußspitzen zeigen nach vor oder minimal zur Seite. Achten Sie darauf, dass Sie auf folgenden Punkten stehen: Mitte der Ferse, Ballen innen und außen. Die Schwerkraft des Körpers sollte auf diese drei Punkte verteilt sein. Die Knie sind leicht gebeugt. Das Becken ist in Mittelstellung – schaukeln Sie mit dem Becken nach vor und zurück und lassen Sie los (das Becken sucht sich seine richtige Stellung). Die Schultern einmal von vorne nach hinten bis in Höhe der Ohren überdrehen und mit der Ausatmung fallen lassen. Dabei wird Ihr Brustkorb vorne und hinten geöffnet. Ihr Kopf wird am höchsten Punkt von einer imaginären Schnur in Richtung Himmel gezogen. Ihr Kiefer ist locker, die Atmung fließt.

Wirkung:
Erdung gibt Leichtigkeit und Selbstvertrauen!
Erdung fördert den optimalen Stimmsitz!
Erdung ist die Basis für eine ökonomische Haltung und ist energiesparend!

Tipp: Bauen Sie diese Übung immer wieder in Ihren Alltag ein. Vor allem in Situationen, in denen der Stresspegel zunimmt. Halten Sie inne, lassen

Sie sich fallen (Schulterlockerung, Lippenflattern) und erden Sie sich. So vermeiden Sie Überspannung und Gereiztheit.

Der gute Stand bringt Ihnen im wahrsten Sinne des Wortes Standfestigkeit und Selbstsicherheit! Die Erdung und Aufrichtung bestärken Sie darin, dass Sie sich auf sich selbst verlassen können und langfristig an sich und Ihre Pläne glauben. Es kann Sie im wahrsten Sinne des Wortes nichts umwerfen. Sie haben alle Ressourcen in sich, sich selbst aufzufangen. Diese Information leitet Ihr Körper an das Gehirn weiter, und das strahlen Sie auch aus. Sie werden dies an den Reaktionen merken. Die gelöste Muskelspannung bringt Leichtigkeit und unterstützt das Loslassen.

Wie kann ich Neutralität in meinen Alltag integrieren?

Bereits in der Früh nach dem Aufstehen stellen Sie sich bewusst geerdet und aufgerichtet hin und spüren den Bodenkontakt und gleichzeitig die Aufrichtung durch die Vorstellung der imaginären Schnur, die sich vom höchsten Punkt des Kopfes ins Universum fortsetzt. Wenn Sie in Stress geraten oder Spannungen spüren, halten Sie an, erden Sie sich, richten Sie sich auf und atmen Sie bewusst ein und aus. Sie können auch noch mit den Lippen flattern. Dies gibt Ihrem Gehirn die Information, dass Sie entspannt bleiben dürfen. Das ist besonders effizient. Dann gehen Sie mit dem bereits beschriebenen Impuls weiter.

Machen Sie sich die Erdung zur täglichen Gewohnheit. Ihr Körper erkennt dies sofort und leitet diese kostbare Information umgehend an Psyche und Gehirn weiter. Sie werden mit einem entspannten Grundzustand belohnt. Es kann Ihnen nichts Besseres passieren.

Wenn Sie in schwierige Besprechungen gehen, erden Sie sich bereits im Büro oder zu Hause. Gehen Sie zu Ihrem Treffen, kommen Sie an, erden Sie sich erneut, d. h. Sie richten sich in Ihrer Balance ein, atmen aus und beginnen erst dann zu sprechen. Ihre Stimme reagiert mit Wohlklang, und Sie wählen auch die richtigen Worte im Gespräch.

Wenn Sie angespannt sind und Sie im Rausch der Emotionen diskutieren, kann es passieren, dass Ihre Wortwahl empfindlich eingeschränkt und manchmal beleidigend wird, was Sie ein paar Minuten später bereuen. Wie oft höre ich von Menschen: „Wär mir das im Moment doch eingefallen", „Warum hab ich das bloß so gesagt?"

Wenn die Emotion zu groß ist, ist der Körper blockiert und somit auch der Energiefluss. Dies führt zu einer Blockade im Gehirn, die ein Wortsuchspiel auslöst, das heißt, dass Sie in Momenten des Konfliktes nicht die Worte finden, die der Situation zuträglich sind.

Eine geerdete Grundsituation bildet die Basis Ihrer Persönlichkeit und bringt Ihnen enorme Erleichterung. Wenn Sie in herausfordernden Gesprächen bewusst die Füße mit dem Boden verwurzeln, dann bleibt die Konzentration erhalten, der Atem fließt, und Sie erledigen die anstehenden Aufgaben mit Leichtigkeit ganz bewusst. Sie werden als eigenständig handelnde Person wahrgenommen und akzeptiert. So bleiben Sie bei sich und in Ihrer Authentizität. Das wirkt wunderbar in Stresssituationen, was sich auch bei Notfallteams beim Roten Kreuz und in Krankenhäusern bewährt. Wenn Sie bei sich bleiben, machen Sie weniger Fehler, bleiben konzentriert und wertschätzend. So werden Sie auch wahrgenommen und dementsprechend behandelt. Alles ist in Resonanz. Das ist vielfach erprobt und wirkt Wunder.

Das kostet nichts und erfordert keinen Zeitaufwand!

Bei einem meiner Wochenendseminare nahm eine algerische Prinzessin teil, die mit ihrer Familie aus politischen Gründen vor vielen Jahren nach Österreich geflüchtet war. Als ich den Teilnehmern die Erdung zeigte und auf unsere Wurzeln verwies, sagte sie: „Weißt du, Andrea, ich kenne das, ich gehe auf meinen Wurzeln."

Das zeigt, dass die Erdung in anderen Kulturen selbstverständlich ist. Unsere westliche Gesellschaft nutzt diese kostbare Ressource nicht bewusst, weil wir den einfachen Dingen keine Bedeutung beimessen und schon gar nicht daran glauben, dass es funktioniert.

Nun haben Sie ja schon einiges gelernt und können dies in einem entspannenden Spaziergang umsetzen.

Spaziergang ins Gleichgewicht

Stellen Sie sich in Hüftbreite hin, wischen Sie sich alle negativen Gedanken weg, flattern Sie mit den Lippen und gehen Sie los!

Gewöhnen Sie sich an, immer aus dem Gleichgewicht loszugehen, das die Neutralität darstellt. Gehen Sie in gewohnter Weise los und genießen Sie die Berührung Ihrer Füße zur Erde. Rollen Sie bewusst ab, bevor Sie den nächsten Schritt machen. Konzentrieren Sie sich darauf, dass Sie mit der Ferse aufsetzen und gerade über den Vorderfußballen über die Zehen abrollen. Nach ein paar Minuten bleiben Sie stehen und gehen ein paar Schritte auf den Fersen, dann wechseln Sie auf den Vorderfuß, anschließend gehen Sie auf die Innenkanten und danach auf die Außenkanten. Dies machen Sie mehrmals im Wechsel wie oben beschrieben. Dann bleiben Sie wieder stehen und spüren den Kontakt Ihrer Füße zur Erde. Genießen Sie dies. Wie lange Sie gehen, ist Ihre Entscheidung! Mit diesem Spaziergang verbinden Sie sich über die Füße mit dem ganzen Körper, und die Balance wird gestärkt. Dies fördert den Energiefluss und die Durchblutung wird angeregt. Sie fühlen sich danach herrlich erfrischt.

Geschichte am Bach – Die gekreuzigte Ente

Das Entdecken von Besonderheiten im Alltäglichen ist für mich ein Grund, warum ich die Regelmäßigkeit des täglichen Bachspaziergangs so liebe. Der Hundespaziergang, scheinbare Routine, eine tägliche Pflicht, die mich sehr oft denselben Weg gehen lässt. Ich versuche ganz bewusst, die Strecke, die mich durch sämtliche Jahreszeiten entlang des Flusses führt, neu zu entdecken. Eines Morgens im Frühjahr schlenderte ich mit einer Bekannten und unseren Hunden entlang des Bachs. Wir unterhielten uns, während wir unsere Hunde im Auge behielten. Plötzlich erstarrten wir. Wir entdeckten im Dickicht der Bäume, die den Fluss säumten, in circa 2 Meter Höhe eine Ente, die mit ihrem Flügel an einem Ast aufgespießt hing. So baumelte sie einseitig in der Luft und war nicht in der Lage, sich zu befreien. Reglos verharrte sie und wirkte wie leblos. Wir konnten nicht erkennen, ob das arme Tier noch lebte, und waren im ersten Moment ratlos. Dann handelten wir, indem wir uns von einer Anrainerin eine Astschere mit Teleskopstiel ausliehen. Wir versuchten, den Ast, der die Ente aufspießte, abzuschneiden, waren jedoch zu klein dafür. Als wir mit der Astschere in die Nähe des gemarterten Schwimmvogels kamen, erwachte der Vogel aus seiner Erstarrung und brach in Hektik aus. So sahen wir, dass er noch lebte, erkannten aber, dass wir aufpassen mussten, ihn nicht noch mehr zu verletzen. In der Nähe des Unglücksortes arbeitete ein Mann vom Gartenamt, den wir baten, uns zu helfen. Ihm gelang es mit großer Mühe, den Ast abzuschneiden, die befreite Ente purzelte in den Bach, wo sie einseitig nach links hängend weiterschwamm. Freudig quakend wurde sie von ihren Bachkameraden empfangen, sie richtete sich auf und schwamm, flankiert von einer Ehrengarde, davon.

Ich bin überzeugt, dass die Ente dieses Unglück überlebt hat.

Was mich besonders faszinierte, war die Reaktion des Schwimmvogels im Moment der Gefangenschaft. Er verhielt sich ganz ruhig, um die Energie zu sammeln, die er im Moment der Befreiung benötigte. Während des Befreiungsversuchs tat die Ente alles, um mitzuhelfen. Im Wasser gab sie sich nach dem ersten Schock einen Impuls weiterzuschwimmen.

In der Natur entdecke ich ständig dieses Ur-Wissen, das auch in Tieren und Pflanzen sichtbar wird.

Anspannung, Entspannung, Impuls, Aufrichtung, Erdung, einatmen und ausatmen!

Fremdbestimmt?

Frage: Wie geht es dir?
Antwort: So wie die anderen wollen.
Frage: Und wie geht es dir wirklich?
Antwort: ?????????????

Wie kann es mir gehen, wie die anderen wollen, wenn ich gar nicht genau weiß, was die anderen wollen? Und muss ich überhaupt wollen, was die anderen wollen, wenn ich nicht einmal weiß, was ich will. Wenn ich aber weiß, was die anderen wollen, heißt das ja nun auch nicht, dass ich das unbedingt will. Und wer sagt, dass das, was die anderen wollen, für mich gut ist? Will ich, indem ich mir wünsche, dass es mir so geht, wie die anderen wollen, Situationen ausweichen, die mir entsprechen, die die anderen aber nicht hören wollen? Wenn die anderen dies wiederum nicht hören wollen, ist meine Konsequenz die, dass ich aus Bequemlichkeit, Gutmütigkeit und Angst vor der Reaktion nun auch das will, was die anderen wollen? Aber tut mir das gut?

„Der Mensch kann wohl tun, was er will, aber er kann nicht wollen, was er will." (Arthur Schopenhauer)

Wenn Sie sich in obigem Text wiederfinden, dann stellen Sie sich nun die Frage: Was will ich wirklich wirklich?
Dies ist eine Frage, die der bekannte Philosoph, Vordenker und Begründer der „Neuen Arbeit", Frithjof Bergmann, Menschen, die in verschiedensten Unternehmen und Berufen arbeiten, immer wieder stellt.
„Ist das, was Sie tun, das, was Sie wirklich wirklich wollen?"
Allein diese Frage reicht, um in den Befragten zuerst eine große Nachdenklichkeit hervorzurufen. Danach kommen dann sehr oft Aussagen wie: „Ich hasse meine Arbeit, sie stresst und frisst mich auf, eigentlich würde ich gerne etwas anderes tun …"
Da stellt sich die Frage, warum Energie in eine Arbeit, die mehr als die Hälfte unserer Lebenszeit ausmacht, stecken, wenn ich im Grunde etwas

ganz anderes will? Und genau auf diese Verdrängung reagieren Körper und Psyche zuverlässig.

Hochgezogene Schultern, angehaltener Atem, vorgeschobener Kopf, immer in Eile sind mögliche Variationen. Weitere Ausprägungen sind resignative, verharrende, abwartende Positionen. Diese Haltungen verhindern ein Innehalten und Nachdenken. Und so ist ein Perspektivenwechsel sehr schwer möglich. Mit viel Kraft haben wir es gelernt, gegen unsere eigenen Bedürfnisse anzukämpfen, aber das macht uns sehr schnell müde. Wir fühlen uns ausgelaugt.

„Ein sicheres Unglück ist den Menschen lieber als ein unsicheres Glück."
(Peter Heintel)

Denken Sie darüber nach und beobachten Sie sich im Treffen Ihrer Entscheidungen. Wie oft und schnell antworten wir auf Fragen, ohne darüber nachzudenken, welche Konsequenzen dies für uns hat. Oder haben wir unsere tatsächlichen Antworten schon lange in ein Eck gestellt, das wir ausblenden?

Im Eck oder die Angst vor dem Scheitern

Ich erzähle Ihnen nun eine Geschichte aus meiner Schulzeit, um zu veranschaulichen, wie ich mich in Situationen der Resignation verhielt und wie lange ich mit den Konsequenzen zu kämpfen hatte.

Meine Geschichtelehrerin konnte mich nicht ausstehen. Da ich eine überaus schlechte Schülerin war und auch sonst nicht ihren Vorstellungen entsprach, hatte sie sich für mich etwas Besonderes ausgedacht.

Sie stellte mich ins Eck. Jede Geschichtestunde – ein Jahr lang!

Meine Lehrerin war sich bestimmt nicht klar darüber, was sie damit bei mir anrichtete.

Nur weil ich nicht ihren Vorstellungen entsprach.

Ich kann mich noch gut daran erinnern, wie sich das „Im-Eck-Stehen" auf meine Psyche und somit auch auf meinen Körper auswirkte.

Jedes Mal, wenn diese Frau das Klassenzimmer betrat, hielt ich intuitiv die Luft an und spürte eine unangenehme Anspannung im Sonnengeflecht. Die Auswirkung dieser Kompensation war ein Lachkrampf, den ich leider nicht kontrollieren konnte. Egal, was diese Lehrperson zu mir sagte, ich musste lachen, bis mir die Tränen aus den Augen spritzten.

Die Lehrerin fühlte sich dadurch noch mehr provoziert. Heute weiß ich, dass dies ein Schutzmechanismus meiner Seele und meines Körpers war, um meine Spannungen loszuwerden. Vor jeder Geschichtestunde hatte ich Albträume, und der Unterricht war ein Horror für mich.

Während der Prüfungen hielt ich die Luft an, zappelte nervös mit meinen Füßen, das führte dazu, dass ich keine Konzentration hatte und gar nichts mehr wusste.

Meine Konsequenz war, dass ich die Schule wechselte und in meiner weiteren Schullaufbahn „null" Selbstvertrauen hinsichtlich meiner eigenen Schulleistungen hatte, und das rächte sich in Prüfungssituationen mit einem „Brett vor dem Kopf". Ich war jedes Mal so angespannt, dass sich alles Gelernte wahrscheinlich in dem Eck versteckte, in dem ich ein Jahr lang stand.

In jeder dieser Situationen flüchtete mein Körper in eine weitere Schon- und Fehlhaltung. Ich begann mich zu verbiegen und stand da wie das sprichwörtliche Fragezeigen.

Dieses Erlebnis manifestierte sich in meinem Körper und meiner Seele, und es erschien zuverlässig, wenn ich es nicht brauchte.

Unsere Haltung ist ein Resultat unserer Erziehung, Erlebnisse und Gewohnheiten.

Beobachten Sie einmal ganz bewusst die Menschen um sich, in der Arbeit, in der Familie, auf der Straße, im Café oder in der U-Bahn.

Wer steht wirklich aufgerichtet da?

Wenn Sie genau hinsehen, werden Sie viel erkennen können. Unsere Haltung bestimmt die Qualität unserer Befindlichkeit. Und so blockieren Haltungsbilder, wie ein eingeknickter Brustkorb, hochgezogene Schultern oder ein zurückweichender Kopf, unsere Handlungs- und Entwicklungsmöglichkeiten.

Da wir Menschen erfinderisch sind, haben wir gelernt, Fehlhaltungen durch übersteigerten Ehrgeiz und Kraftaufwand zu ersetzen und wettzumachen. Ein erfolgreicher Weg, wie wir glauben. Doch entfernen wir uns damit immer weiter von uns selbst.

Die Auswirkungen dieses „Notfallprogramms" sind Burnouts, Depressionen, Wirbelsäulenprobleme, der ganz normale Wahnsinn.

Das „Burnout" hat ja mittlerweile einen Logenplatz und wird von der Öffentlichkeit durchaus akzeptiert, da dieses „Ausgebrannt-Sein" durch Fleiß und Überarbeitung hervorgerufen wurde. Man hat ja was getan dafür. Wir waren zu fleißig.

Mit übersteigertem Tempo hasten wir durch unseren Alltag, erfüllen unsere Aufgaben, ohne sie zu hinterfragen, ohne uns dafür zu loben oder zu belohnen, und werden dann rüde herabgebremst.

Wir haben den Boden unter unseren Füßen verloren.

Wir spüren nichts mehr, keine Lust, keine Freude, keinen Genuss, außer Gedanken, die wie lästige Fliegen im Kopf kreisen und sich nicht verscheuchen lassen. Wir haben den Bezug zum Körper, zu unseren Bedürfnissen und der Qualität des Augenblicks verloren.

Im „Business" werden Ehrgeiz, Fleiß und kognitive Fähigkeiten eines Mitarbeiters hoch geschätzt. Da soll es durchaus vorkommen, dass der Mensch mit seinen ureigenen Bedürfnissen, wie individueller Arbeitsrhythmus, Auffassungsgabe, persönliche Belastbarkeit, zu kurz kommt. Habe ich gehört.

Humorfähigkeit ist oftmals nicht gefragt. Wo gelacht wird, wird nicht gearbeitet. Was mit Leichtigkeit erledigt wird, ist nichts wert, was man erschreckend häufig an den Gesichtern erfolgreicher Manager sehen kann. Die seriöse Gesichtsmaske ist Alltag und bestätigt den Fleiß und den Erfolg. Glaubt man!

Busy bissig im Business

*Sind die Lippen zugepresst,
ist dein Leben gar gestresst.
Lässt nichts raus, was g'hört hinaus,
lässt nichts rein, was g'hört hinein.
Nun, das ist nicht allzu fein.*

Ich werde immer wieder von Firmen oder Universitäten als Kamingesprächsgast eingeladen, um über das Thema „Haltung und Authentizität" und den Zusammenhang von Körper und Psyche zu sprechen und meine Arbeitsweise vorzustellen.

So referierte ich eines Abends vor einer Gruppe sehr erfolgreicher Manager. Mit ernster Miene und gestressten Haltungen saßen sie vor mir, hörten mir mit einem Ohr zu, während sie gleichzeitig ihre E-Mails auf ihren iPads beantworteten. Da ich diese Situation als äußerst unhöflich und unerträglich empfand, stellte ich den Zuhörern eine Frage.

„Gibt es im Business ein Gesetz, von dem ich nichts weiß?"

Ich blickte plötzlich in interessierte, erstaunte und fragende Gesichter. Erstmals erntete ich ihre Aufmerksamkeit, und so sprach ich weiter.

„Gibt es ein Gesetz, das besagt, dass ein Manager im Business besonders bissig schauen muss, um erfolgreich zu sein? Und ist der größte Erfolg am Grad der Verspannung erkennbar?"

Regloses Schweigen und verständnislose Gesichter. Langsam drehten die Zuhörerinnen und Zuhörer ihre Köpfe und betrachteten sich gegenseitig.

Sie sahen und verstanden. Ohne ein Wort zu sagen, richteten sie sich intuitiv auf und begannen zu lachen. Und schon konnten wir miteinander arbeiten.

Und es machte allen Spaß.

An alle Lehrer – Führungskräfte – sonstige Unterrichtende – Eltern – Ehepartner – an alle Menschen, die mit Menschen zu tun haben!

Bedenken Sie, Ihr Druck erzeugt Gegendruck! Die Reaktionen, die Sie auf Ihr Verhalten ernten, haben Sie hervorgerufen.

Die Konsequenzen auf übermäßige Anspannung sind Lähmung,

Resignation, Verweigerung, innere Kündigung, vermehrte Krankenstände, Ideen- und Lustlosigkeit.

Wollen Sie Mitarbeiter, Schüler, Kollegen Kinder, Ehepartner, die „funktionieren", wie Sie wollen, oder solche, die selbstständig denken, Ideen einbringen, kreativ, flexibel und reaktionsfähig sind, mit Freude arbeiten und selbstbewusst im Leben stehen?

Wann haben Sie das letzte Mal mit Ihren Mitarbeiterinnen, Schülerinnen, Kolleginnen, Kindern und Ehepartnern so richtig gelacht?

Dazu ein kleiner Beitrag aus „Psychologie heute" (April 2012, Autor *Heiko Ernst*): *„Die Emotionsforschung zeigt, dass wir sehr viel mehr visuelle Informationen aufnehmen, wenn wir gut drauf sind. Unser Radar für Chancen funktioniert besser, wenn wir in positiver Stimmung sind und uns nicht durch Stress und Ärger den Blick verengen lassen. Der Tunnelblick, der in stressigen oder angstbesetzten Situationen die Informationsaufnahme verengt, macht buchstäblich blind für Auswege, für alternative Lösungen und Chancen."*

Kleine Übung zur Stimmungsverbesserung
Stellen Sie sich vor einen Spiegel und betrachten Sie sich und Ihren Gesichtsausdruck. Nun heben Sie die Mundwinkel für eine Minute, auch wenn Ihnen nicht danach zumute ist. Beobachten Sie, was nun passiert.

An diesem kleinen Experiment können Sie erkennen, wie die Wechselwirkung von Körper und Psyche funktioniert. Sie geben Ihrem Gehirn die Information des Wohlbefindens über die Gesichtsmuskulatur weiter, und schon werden Endorphine frei, ob Sie wollen oder nicht. Das können Sie nicht rational kontrollieren. Sie müssen nicht einmal daran glauben. Je öfter Sie diese Ressourcen aktivieren, umso schneller werden Sie aktiv. Also, warum erledigen wir unsere wichtigen Dinge nicht mit einem freundlichen Gesicht? Genießen Sie die Reaktionen, die Sie ernten.

Diese Überzeugung beruht auf einer Seminarerfahrung mit Menschen von Jung bis Alt, und ich kann nur sagen: Es funktioniert! Es ist ganz einfach!

„Das Lächeln ist ein Fenster, durch das man sieht, ob das Herz zu Hause ist."
(Sprichwort aus Russland)

Lächeln macht gute Laune

"Zeigen Sie mir einen Betrieb, der mit unzufriedenen Mitarbeitern eine gute Leistung bringt."
(Attila Dogudan, Cateringunternehmer für Fluglinien weltweit)

Trotzdem ist es erstaunlich, dass in vielen Betrieben so wenig Wert auf eine gute Humorkultur gelegt wird. Humor und entspannte Mitarbeiter sind ein Garant für mehr Erfolg.

Groß angelegte Forschungen zum Thema Effizienz von „Work-Life-Balance" bestätigen mittlerweile die Wichtigkeit von Humor am Arbeitsplatz. In Zahlen ausgedrückt: Eine 13-prozentige Steigerung von Motivation und Moral durch positive Stimmung im Job führt zu einer 40-prozentigen Steigerung der Produktivität.

„Vor wenigen Jahren konnte man im ‚Harvard Business Review' lesen, dass Führungskräfte mit Sinn für Humor schneller die Karriereleiter emporklettern und mehr Geld verdienen als sogenannte seriöse, klassisch denkende Manager." (Roman F. Szeliga, „Erst der Spaß, dann das Vergnügen", S. 73)

Humor als Lebenskraft

Ich wurde letztes Jahr vom Bundesministerium für Finanzen beauftragt, im Rahmen der betrieblichen Gesundheitsförderung interaktive Vortrags-Workshops mit dem Titel „Humor als Lebenskraft" in Finanzämtern zu halten. Zuerst glaubte ich an einen Scherz, dann war ich jedoch sehr froh, diese Aufgabe übernehmen zu dürfen.

So hielt ich in neun Finanzämtern interaktive Vorträge über die gesunde Wirkung des Humors und des Lachens. Anfangs lauschten die

Beamten mit argwöhnischer Miene meinen Ausführungen, und ich sah ihnen förmlich an, wie sehr sie sich davor fürchteten, auf Befehl, und vielleicht sogar ohne Grund, lachen zu müssen. So bat ich alle Zuhörer, aufzustehen und die Augen zu schließen. Sie erhielten von mir die Anweisung, zu lächeln, einfach die Mundwinkel hochzuziehen und zu lächeln. Die Teilnehmer kamen meiner Aufforderung zögernd nach. Nach circa einer Minute öffneten sie die Augen und betrachteten sich gegenseitig.

Allein dieser Moment sprach Bände. Es breitete sich eine wunderbare Freundlichkeit im Raum aus, und dann startete ich mit meinen Gehübungen. Die Leute schenkten sich während des Gehens einen Augenblick des Lächelns. Ihre Aufgabe war es, zu schlendern, wenn ihnen jemand begegnete, stehenzubleiben, bewusst in die Augen des Gegenübers zu blicken und zu lächeln. Dieser Moment des „Zeit- und Freundlichkeit-Schenkens" war mehr als berührend. Alle fühlten sich wahrgenommen und wertgeschätzt.

Es war eine Kleinigkeit und erzeugte eine Situation des Vertrauens.

Das Lächeln steigerte sich durch interaktive Übungen, die alle gerne durchführten, bis hin zu Lachchören. So installierte ich in allen Finanzämtern „Lachchöre", die ich durch verschiedene Aufgabenstellungen dirigierte. Diese Übung löste große Begeisterung bei den Beteiligten aus und war gleichzeitig eine gute Gelegenheit, Belastendes loszulassen und sich von einer anderen Seite kennenzulernen. Alle Mitarbeiter hatten ihre Kollegen bereits in ihrer Bewertungsskala eingespeichert, was wenig Entwicklungs- oder Veränderungspotenzial in sich barg.

Nun erlebten sich alle von einer ganz anderen Seite, lachend und frei von Vorurteilen und quälenden Gedanken.

Lachen macht nicht nur gesund und frei. Lachen macht Vorurteile überflüssig und unterbricht Ihren Gedankenfluss.

Während Sie lachen, können Sie nicht denken. Herrlich.

Wussten Sie, dass die Lachlaute weltweit dieselben sind? „Hahahehehihihohohuhu", eine Universalsprache, die jeder versteht.

Nutzen Sie bewusst diese Ressource und trainieren Sie Ihre Lachfähigkeit. Auch wenn es Ihnen anfangs künstlich erscheint, kommt das natürliche Lachen dann von selbst, immer öfter. Und das ist Lebensqualität, nicht nur für die Psyche, sondern auch für den Körper.

Um guter Laune zu werden, muss man sich vergnügt aufrichten, vergnügt um sich schauen und sich so verhalten, als wäre die gute Laune bereits da.

Während des Lachvorgangs wird Ihr Körper durchblutet, der Blutdruck stabilisiert, Schmerzen werden verringert, depressive Zustände und psychische Spannungen aufgelöst als auch Cholesterin gesenkt.

Eine kostenlose, gesunde und entspannende Ressource. Greifen Sie zu!

Lachübung
Schlendern Sie durch den Raum und betrachten Sie Ihre Umgebung. Sie können dies natürlich mit mehreren Personen durchführen. Nun bewegen Sie Ihre Gesichtsmuskulatur, indem Sie die Mundwinkel hochziehen, Ihre Augenbrauen hochheben oder Grimassen schneiden. Ihrer Fantasie sind keine Grenzen gesetzt. Sie nehmen nun eine Ihrer typischen Lachpositionen ein und halten die Luft an. Sie dürfen keinesfalls laut lachen. In diesem Moment spannen sich Zwerchfell und Bauchmuskulatur an. Halten Sie diese Anspannung und lassen Sie mit der Ausatmung wieder los.

Dies machen Sie mehrmals: Lachhaltung – Luft anhalten – Anspannung und loslassen.

Dann nehmen Sie nochmals eine Lachhaltung ein, spannen die Zwerchfellmuskulatur an und lassen dann das Lachen rausplatzen. Lachen Sie, was das Zeug hält, auch wenn es sich im ersten Moment komisch anfühlt. Sie sind ja unter sich.

Allein diese kleine Übung hat eine wunderbar entspannende und gleichzeitig durchblutende Wirkung. Das wirkt sich auf Ihre Organe positiv aus und Sie fühlen sich danach wunderbar erfrischt. Es ist so gesund. Lachen lässt Schmerzen für Stunden verschwinden. Lachen Sie Ihre Probleme weg.

Humor in mageren Zeiten

Ich habe in meinem Leben schon sehr tragische und schwierige Situationen erlebt, in denen mir das Lachen manchmal verging. Ich verlernte es jedoch nicht, was mir die jeweiligen Situationen erträglich machte.

Dies ist eine sehr angenehme Übung, die Sie nach dem Mittagessen machen können, bevor Sie in ein „Suppenkoma" verfallen und sich müde durch den Nachmittag schleppen. Es ist belebend, macht munter und frisch.

Natürlich können Sie dies auch innerhalb eines Teams machen. Das setzt natürlich ein Vertrauensverhältnis voraus. Danach können Sie entspannt in ein „Meeting" gehen, und Sie werden realisieren, dass Sie nach solch einer beschwingten Einheit besonders kreative Einfälle haben werden und die Stimmung im Team mehr als positiv ist.

Ich werde immer wieder von Betrieben eingeladen, um vor Klausuren mit den Teams Haltungstrainings und Lacheinheiten durchzuführen. Diese Vorbereitung bringt äußerst positive und überraschende Ergebnisse.

Eine gelöste, heitere Stimmung ist das Fundament einer erfolgreichen Unternehmenskultur.

Garantiert!

Greifen Sie auf diese kostenlose Ressource zurück!

Lächeln ist nicht strafbar.

Machen Sie sich keine Gedanken darüber, warum Sie einfach so lächeln. Sie denken ja auch nicht darüber nach, wenn Sie ernst, starr, mürrisch oder gestresst blicken.

Ist das der Umwelt zumutbar?

Schenken Sie der Welt Ihr Lächeln, wann immer es geht. Es tut auch Ihnen gut. Ihre Psyche wird es Ihnen danken, indem sie mitlächelt.

Lächeln können Sie jederzeit. Während eines Einkaufsbummels oder während der Arbeit. Lächeln Sie bewusst Ihre Kollegen, Mitarbeiter, Kinder, Ehepartner und Freunde an. Wenn Ihnen ein mürrischer Mitarbeiter begegnet, lächeln Sie ihn an und behandeln Sie ihn so, als wäre er oder sie sehr freundlich. Meine Erfahrung zeigt, dass Sie nach diesem positiven Angebot eine freundliche, manchmal vielleicht sogar überraschte Reaktion erhalten.

Die positive Resonanz ist Ihnen gewiss. Führen Sie eine Lächel- oder Lachkultur schön langsam homöopathisch in Ihr Leben oder in Ihr

Unternehmen ein. Langsam deshalb, um Ihrer Umgebung die Gelegenheit zu bieten, sich an Ihr freundliches Gesicht gewöhnen zu können. Sie wollen ja niemanden überfordern. Veränderung braucht Zeit. Wie wir wissen.

Wenn die Arbeits- bzw. Alltagsatmosphäre heiter und entspannt ist, ist das ein Garant für ein gesundes und wertschätzendes Miteinander.

Wenn jeder Mitarbeiter mit diesem Bewusstsein in die Arbeit geht und seinen Beitrag für eine gute Stimmung leistet, ist das der erfolgreiche Weg in ein authentisches, kreatives, gesundes und zufriedenes Team.

„Lachen ist der Knopf, der verhindert, dass einem der Kragen platzt."
(Joachim Ringelnatz)

Spaziergang – Weg des Lächelns

Sie bereiten sich vor wie immer. Füße in Hüftbreite, stellen Sie Kontakt zu den drei Punkten (Ferse, Ballen innen und außen) her, indem Sie mit dem ganzen Körper zuerst mehrmals nach rechts, dann nach links kreisen. Das Kreisen wird immer größer und danach kleiner, bis Sie in Ihrer Balance stehen bleiben.

Schütteln Sie Ihren ganzen Körper durch, flattern Sie mit den Lippen und ziehen Sie die Mundwinkel hoch.

Nun gehen Sie los mit einem Impuls: Ich gehe und lächle.

Das Hochziehen der Mundwinkel gibt Ihrem Gehirn die Information der guten Laune, und so setzt es bereits nach einer Minute pflichtbewusst Glückshormone frei, und ein Wohlgefühl macht sich breit.

Nicht schlecht, oder?

Nun gehen Sie mit freundlicher Miene los und lächeln Sie. Wenn Ihnen jemand begegnet, lächeln Sie der Person freundlich zu, ganz bewusst. Genießen Sie die Freundlichkeit, die Sie aussenden und die zu Ihnen zurückkehrt. Das ist ein Geschenk! Sollte jemand Ihr Lächeln ignorieren, lassen Sie sich nicht beirren und lächeln Sie weiter.

Na, wie waren die Reaktionen? Freundlich, erstaunt, verärgert?

Geschichte am Bach – Weg zum „Roten Stern"

Ich kann heute die Fährte erschnuppern, die der alte Mann durch seine tägliche Ration des Magenbitters mit dem Namen „ Guter Stern" gelegt hat. Überall leuchten die roten Kapseln aus dem Gras, und die leeren Fläschchen mit der roten Etikette „Guter Stern" liegen verstreut herum und winken mir zu. Wenig später schwankt mir der angeheiterte Mann gut gelaunt entgegen und wünscht mir freundlich einen schönen Tag.

Perfektionismus – Die Stressfalle

Ist der Kopf nach vor gestreckt,
ist der Gier-Instinkt geweckt.
Eile, eile immer weiter,
erklimme die Karriereleiter.
Weißt nicht mehr, was gut dir tut!
Halte an! Das tut dir gut!

Während die Menschen ihren beruflichen Zielen nachlaufen und wenig Lob und Anerkennung bekommen, vergessen sie das Eigentliche. Das, was sie wirklich wirklich wollen. Und so wird das ein ermüdendes Treten im Hamsterrad ohne wirkliche Befriedigung.

Haben Sie schon einmal darüber nachgedacht, wie Ihr Leben aussehen würde, wenn Sie einen Teil Ihrer Zeit den Dingen widmen, die Ihnen wirklich wirklich Freude machen?

Menschen, die sehr beschäftigt sind, gehen schwerpunktmäßig meist auf ihren Vorderfüßen, was bewirkt, dass der Oberkörper und der Kopf nach vor ziehen. Mit dieser Haltung geben wir unserem Gehirn die Information der Eile, und es reagiert zuverlässig darauf. Sie sehen, dass wir nicht nur Informationen von unserem Gehirn an unsere Psyche und unseren Körper bekommen, sondern es funktioniert auch umgekehrt. Wir haben mit der Haltung, mit der wir durch unser Leben gehen, einen Einflüsterer. Wenn unser eigentliches „Wollen" mit der Haltung nicht übereinstimmt, haben wir ein Problem. Wir arbeiten permanent gegen eine massive Kraft an, die wir aber sehr schnell in Leichtigkeit umwandeln können. Damit tun wir uns etwas Gutes.

Bei der im Reim beschriebenen Stresshaltung („Schispringer knapp vor dem Absprung" aus „Haltung fertig los") bewirkt bereits der erste Schritt, dass wir unser ureigenes Lebenstempo, unseren gesunden Körperrhythmus, der uns guttut, verlassen. Wir überfordern uns, deshalb erhalten wir eine permanente Suggestion der Eile, was uns auf Dauer massiv schädigt. Unser Lebensgefühl und das Gespür für den Moment gehen uns verloren. Das zeigt sich an hastigen Schritten, eingeschränkter Atmung, Unkonzentriert- und Gereiztheit. Die Selbstsicht wird verfälscht und die Empathie geht verloren. Leider ist diese Haltung bei vielen Führungskräften vermehrt zu beobachten. Visionär zu sein ist ja sehr lobenswert, soll aber nicht heißen, dass wir das natürliche Gefühl für den gegenwärtigen Augenblick verlieren. Die Beziehung zu unseren Mitmenschen und zur Realität geht gleichzeitig auch verloren (siehe Spruch am Beginn des Kapitels). Wir jagen durch unser Leben, das nicht mehr hinterfragt wird, vernachlässigen uns und sind auch nicht mehr in der Lage, die Bedürfnisse unserer Mitmenschen wahrzunehmen. Da wir von dieser geheimen Körperinformation nichts wissen, fällt es uns auch schwer, Mittel und Wege zu finden, um wieder in ein gesundes Lebenstempo zu kommen. Und so werden wir schneller, schneller und schneller. Die Getriebenheit ist ein weiterer Virus in der Gesellschaft, dem wir mit sofortiger Wirkung Einhalt gebieten sollten. Die Auswirkungen sind verheerend. Halten Sie inne! Dies ist der erste Schritt, um zu sich zurückzufinden.

Stehen bleiben, die Erde spüren und ausatmen.

Es ist so einfach.

Wir Menschen flüchten vor uns selbst und vergessen unsere eigenen Bedürfnisse. Innehalten macht uns Angst, Nichtstun ist ein Ding der Unmöglichkeit geworden. Dabei geschehen in den Momenten der Absichtslosigkeit die größten Innovationen.

„Die Empathie-Werte nahmen zwischen 1979 und 2009 kontinuierlich ab. Am deutlichsten war der Abfall nach dem Jahr 2000. Sehen Sie sich die Internetunternehmen der vergangenen Jahre an. Deren Führungskräfte sind alle auf irgendeine Art autistisch." (Peter Thiel, Silicon Valley, aus „Die Zeit" Nr. 34/August 2013)

„Der Chef des Milliardenunternehmens Facebook, Mark Zuckerberg, Anfang 30, kann bis heute seinem Gegenüber kaum in die Augen schauen. Ein ehemaliger Facebook-Manager erzählt, dass Zuckerberg ‚kaum aktives Feedback oder eine Rückmeldung gibt, dass er dir zuhört'. Und dann definiert ausgerechnet so einer das Verständnis von Freundschaft und sozialer Beziehung neu." („Die Zeit", Artikel „Wahnsinnstypen", Nr. 34/August 2013)

Ist das der Führungsstil der Zukunft? Eine beziehungslose Gesellschaft, deren Kontakte nur mehr durch ein fiktives Freundschaftsnetzwerk bestätigt werden? „Gefällt mir. Gefällt mir nicht." Wir holen uns die Bestätigung für unsere Persönlichkeit und Handlungsweise durch fiktive Netzfreunde. So entfernen wir uns immer weiter von uns selbst und verlernen einfache Verhaltensregeln, wie Augenkontakt, Hände geben, sich berühren, sich anlächeln etc. Dies wird ersetzt durch Smileys in allen Variationen, während wir missmutig in unseren Bildschirm starren. Ich gebe zu, auch ich bin Facebook-Userin. Wenn man diese Plattform als Informations-, Werbe- und Diskussionsplattform nutzt, ist es ja durchaus sinnvoll. Großteils wird es aber für die Legitimation unserer Persönlichkeit verwendet, und je mehr „likes" wir erhalten, umso beliebter fühlen wir uns. Das hat aber wenig mit der Realität zu tun.

Wollen wir diese Entwicklung wirklich?

Viel zu tun statt Stress

Das Thema „Stress" ist ja wahrlich ein viel besprochenes und es gibt viele Experten auf diesem Gebiet. Ich stelle immer wieder fest, dass der größte Stressor wir selbst sind. Wir neigen dazu, jegliche Aktivität mit dem Attribut „Stress" zu versehen. Sei es, dass wir nur einen Einkauf zu tätigen haben. Alles wird mit dem inflationären Wort belegt, und dann fühlt sich die Situation genau so an. Versuchen Sie einmal, das Wort Stress durch „Ich hab viel zu tun" auszutauschen. Bereits dies bewirkt eine kleine Veränderung, da Stress meist Druck erzeugt. Den können wir nicht brauchen, wobei viele Menschen behaupten, sie könnten nur unter Druck etwas zustande bringen (siehe „Die Anstrengung oder das Mixerbeispiel"). Das höre ich sehr oft. Dies ist auf Dauer aber sehr ungesund, was wir an den angespannten Gesichtern und Haltungen, die uns täglich begegnen, erkennen können. Ich habe heute gerade eine Talksendung mit einer sehr anerkannten älteren Schauspielerin gesehen. Sie erzählte, dass sie in jüngeren Jahren bei Premieren besonders brillieren wollte und sich so unter Druck setzte, dass ihre schauspielerische Leistung sehr darunter litt. Das kann ich nur bestätigen. Auch ich hatte dieses Problem. In den Theaterproben war ich locker und frei, improvisierte, und die Kreativität floss. Am Tag der Premiere setzte ich mich jedoch so unter Druck, dass es mir den Hals zuschnürte, meine Atmung blockierte und ich unter äußerster Mühsal meine Rolle spielte. Es war eine Qual, und ich konnte mein Theaterspiel nicht genießen, da ich mich ständig beobachtete und mir selbst beim Reden zuhörte. Meine Stimme war blechern und monoton, da ich außer mir war. Im wahrsten Sinne des Wortes. Ich war weder authentisch noch mit dem verbunden, was ich spielte. Ich setzte mich selbst unter Druck, beobachtete und beurteilte mich während der Aufführung, was mir jegliche Authentizität in der Rolle nahm. Mir fehlten Selbstvertrauen und Selbstwert. Meine Versagensängste waren noch immer tief in mir gespeichert und verwehrten mir eine entspannte Darstellung auf der Bühne.

„Ein Selbstwertgefühl, das ausschließlich von äußeren Erfolgen abhängig ist – und damit auch von unbeeinflussbaren Faktoren und Zufällen –, nennen die Psychologen ‚kontingent'. Weil es auf Leistungen und Vergleichen aufbaut, muss es ständig erneuert und abgesichert werden. Ein aufreibender, oft vergeblicher Job: Du bist immer nur so viel wert wie dein letzter Erfolg. In ständiger Selbstmobilisierung kämpft der Einzelne darum, in Status, Aussehen und Beliebtheit nicht abzurutschen. Dieser Kampf produziert nicht nur Workaholics, Perfektionisten und Leistungsbesessene, er macht uns alle müde." „Ein gutes Gefühl für den eigenen Wert kann auf ganz anderen Pfeilern als dem äußeren Erfolg ruhen – etwa auf Werten wie Integrität, Hilfsbereitschaft, Mitmenschlichkeit, Gelassenheit und: auf der Nachsicht mit sich selbst."

Albert Ellis hatte bereits vor Jahrzehnten die Selbstakzeptanz als Zeichen psychischer Gesundheit propagiert. Er verordnete das therapeutische Mantra:

„Ich bin wertvoll, weil ich existiere! Ich bin unbedingt etwas wert, einfach deshalb, weil ich lebe"! (H. Ernst, „Psychologie heute", Vorwort, September 2013)

Der fehlende Selbstwert ist einer der Gründe, warum wir so durch unser Leben jagen auf der Suche nach dem Glück, deswegen geraten wir immer mehr in Stresssituationen, die uns überfordern und keinerlei Befriedigung schenken.

Wir genügen selten unseren Vorstellungen und Erwartungen und definieren uns über Leistung und Beruf. Vergessen Sie nicht, wir sind auch in unserem Urzustand liebenswert mit all unseren liebenswerten Eigenschaften und Fehlern, ohne dass wir Erfolge vorzuweisen haben.

Ich wiederhole: *Ich bin wertvoll, weil ich existiere! Ich bin unbedingt etwas wert, einfach deshalb, weil ich lebe!*

Da ich jedoch über das Gehen und den Zusammenhang mit unserer Haltung schreibe, erzähle ich Ihnen ein wenig über „Stresshaltungen", die fatale Auswirkungen auf unser Leben haben und als Stressverstärker wirken. Wenn Sie darüber Bescheid wissen, können Sie dies auch ändern, falls Sie dies wollen.

Stresshaltungen und Stressmimik

— Schwerpunkt auf dem Vorderfuß – Oberkörper nach vor, Kopf nach vor
— Brustkorb hochgeatmet
— Knie nach hinten durchgedrückt
— Fäuste
— Angespanntes Kiefer
— Zusammengebissene Zähne
— Schmale Lippen
— Zusammengekniffene Augenbrauen
— Zitternde, zappelnde Beine
— Ticks
— Steifes Becken
— Nervöses Fingerklopfen
— Blockierte Atmung

Wie bereits im vorangegangenen Kapitel ist ein Grund für die Verursachung des Stresses darin zu finden, dass wir Menschen vor uns selbst flüchten. Jede freie Zeit wird mit Aktivität gefüllt: sei es die Urlaubs- und Freizeitplanung, das stundenlange unhinterfragte Sitzen vor Computern oder TV-Geräten. Das Sportbetreiben mit dem Messgerät, das Marathonlaufen inmitten von Tausenden Menschen im Wettlauf mit der Zeit, das Zählen von Schitouren und Berggipfeln pro Saison.

Macht Ihnen das wirklich Spaß?

Hasten in den Erfolg

"Immer auf dem Vorderfuß,
zu wenig Zeit bringt viel Verdruss,
nichts mehr sehn, was grad passiert,
verlor'ne Zeit, die irritiert.
Wenig ist nur abgeschlossen,
Miene ist nun ganz verdrossen,
Zufriedenheit, Vergangenheit,
weil uns gar nichts mehr erfreut."

„Wir brennen deshalb aus, weil wir so viel unserer Lebenszeit in Dinge investieren, die uns nicht wirklich Spaß machen. Und das ist unbefriedigend."

Immer wieder kommen Manager und andere sehr beschäftigte Menschen zu mir in Einzelstunden, manchmal knapp vor dem Zusammenbruch. Sie haben ernste Gesichter, sind blockiert, spüren keine Emotionen mehr, können nicht mehr lachen und haben den Zugang zu ihren sinnlichen Bedürfnissen verloren.

Sie spüren sich und ihren Körper nicht mehr, höchstens indem sie ihn durch diverse Marathons quälen. Diese Bewegungsform ist in diesem Fall kontraproduktiv, weil der Körper weiterhin gestresst wird, um in Höchstfrequenzzeiten Leistungen zu erbringen. Obwohl die Betroffenen bereits beruflich mehr als gefordert sind, überfordern sie ihren Körper auch in der Freizeit im Turbogang.

Wolfgang hat sich selbst verloren

Eines Tages erhielt ich einen Anruf von *Wolfgang*, der mein Buch „Haltung fertig los" zu Weihnachten geschenkt bekommen hatte und meinte, er müsse dringend zu mir kommen. So vereinbaren wir einen Termin und trafen uns. Wolfgang war ein Häufchen Elend. Er war blass, kraftlos, er schlich dahin und hatte mit seinen Füßen kaum Kontakt zur Erde. Der Oberkörper war nach vor gebeugt, der Kopf zog noch immer nach vor, der Atem war flach, die Stimme kraftlos.

Wolfgang war ein erfolgreicher, selbstständiger Trainer und reiste quer durch den deutschsprachigen Raum, um Seminare zu halten. Er freute sich über seine gute Auftragslage und glaubte, seine Energie wäre grenzenlos. Er hatte den Moment innezuhalten verpasst. Sein vorgezogener Kopf flüsterte ihm ein, dass er noch viel zu tun hätte.

Eine der ersten Übungen, die ich mit ihm gemeinsam machte, war das Schlendern. Ich wies ihn an, langsam durch den Raum zu gehen, den Oberkörper leicht zu drehen und die Arme mitschwingen zu lassen. Sich einfach gehen zu lassen, so wie es Kinder tun. Gleichzeitig bat ich ihn, die Füße abzurollen und immer wieder stehen zu bleiben und bewusst ein- und auszuatmen. Wolfgang tat dies anfangs etwas irritiert, da ich aber mit Musikbegleitung arbeite und selbst an der Übung teilnahm, hatte er bald kein Problem mehr damit. So flanierten und schlenderten wir zehn Minuten durch den Raum, ohne zu sprechen, hielten inne und gingen wieder weiter.

Was passierte dann?

Ohne es zu bemerken, musste Wolfgang lächeln und sein Gesicht wirkte durchblutet.

Wichtig ist es, den Bezug zur eigenen Lebendigkeit wiederherzustellen!

Allein diese wenigen Schritte bewirkten so viel! Wolfgang spürte sich nach Langem wieder, und wir konnten Schritt für Schritt weitermachen. Er fühlte eine kleine positive Veränderung und erkannte, dass die Beschäftigung mit dem Körper eine Chance für ihn war. Er hatte es im Moment gespürt. Natürlich reichte dieses eine Mal nicht aus, und er kam noch ein paar Mal zu mir, um sich über das Gehen, die Atmung und das Lachen die vernachlässigten Körperressourcen zurückzuerobern. Und es funktionierte. Wolfgangs Körper und Seele erinnerten sich wieder an vergessene Bedürfnisse und Leidenschaften, und der Manager realisierte, dass er nur halb so viel arbeiten musste, um gut leben zu können. Die restliche Zeit schenkte er sich, seiner Frau und seiner Sportleidenschaft, die er in Zukunft moderater durchführen wollte. Wunderbar!

Kein Burnout – dafür ein genussvolles, zufriedenes Leben!
Der Körper speichert die gesunden Informationen! Mit gezielten Impulsen erkennt er sie wieder und gibt diese gesunden Informationen an die Seele und das Gehirn weiter. Das nennt man einwandfreie Datenübertragung.

Es funktioniert ohne Strom und kostet nichts.

Körpererinnerungen gehen nicht verloren.

Die Jagd nach einem möglichst erfüllten, materiell reichen Leben führt dazu, dass wir niemals zur Ruhe kommen und erreichte Erfolge selten würdigen. Obendrein verleidet sie uns auch noch jene unproduktiven Mußezeiten, nach denen wir uns unbewusst sehnen.

Tipp: Unterbrechen Sie Ihre Arbeit, wenn Sie keine Lösung für Ihre momentanen Probleme finden. Stehen Sie auf, gönnen Sie sich zehn Minuten Auszeit und steigen Sie aus der Situation aus. Wischen Sie Ihre Probleme mit dem Ritual, das ich bereits beschrieben habe, symbolisch weg. Erden Sie sich und verlassen Sie Ihren Arbeitsplatz. Gehen Sie eine Runde um den Häuserblock oder in den nahe liegenden Park und konzentrieren Sie sich nur auf die abrollenden Schritte und die Atmung. Atmen Sie drei Schritte ein und drei Schritte aus. Zählen Sie innerlich mit. Bleiben Sie nun stehen und richten Sie Ihre Aufmerksamkeit auf einen Baum oder eine Blume und betrachten Sie das Objekt für ein bis zwei Minuten. Dann erden Sie sich, lächeln Sie, geben Sie sich einen Impuls und kehren Sie an Ihren Arbeitsplatz zurück.

Wenn Sie dies zu einem regelmäßigen Ritual machen, werden Sie damit Ihre Energiekanäle auftanken und mit mehr Gelassenheit arbeiten.

Der positive Nebeneffekt: Die Lösung des Problems kommt in solchen Momenten manchmal wie von selbst.

Wann haben Sie sich das letzte Mal getroffen?

"Der gesündeste Sport ist Bummeln!" (Dr. Zhou)

"Es besteht eine geheime Verbindung zwischen der Langsamkeit und dem Gedächtnis, zwischen der Geschwindigkeit und dem Vergessen. Denken wir an eine äußerst banale Situation: Ein Mann geht auf der Straße. Plötzlich will er sich etwas ins Gedächtnis rufen, doch die Erinnerung versagt. In diesem Moment verlangsamt er automatisch seine Schritte. Umgekehrt beschleunigt jemand, der versucht, einen gerade erlebten schmerzlichen Vorfall zu vergessen, unbewusst seine Gangart, als wollte er sich rasch von dem entfernen, was zeitlich noch allzu nahe bei ihm liegt." (*Milan Kundera*, Innehalten/Peter Heintel, S. 123)

Dabei bieten die Verlangsamung und das Innehalten eine wunderbare Möglichkeit, sich endlich wieder einmal selbst zu begegnen. Aber davor haben viele Menschen Angst, da sie sich schon lange aus den Augen verloren haben. Stehen bleiben, nichts Bestimmtes tun, flanieren sind „Wellness" für die Seele. In diesen Momenten des absoluten Nichtstuns können sich unser Geist und unsere Seele erholen, unser Körper entspannen. Aber genau davor fürchten wir uns.

Wann hatten Sie das letzte Rendezvous mit sich selbst?

"Offenbar versichern wir uns im Leerlauf unbewusst unserer Geschichte und eigenen Identität und legen so erst die Grundlage für unser Selbstgefühl." (*Ulrich Schnabel*, Leerlaufmodus, „Muße", S. 118 ff.)

In den letzten Jahren hat sich die Anzahl der Burnout-Trainer rasant vervielfacht. Sie helfen Menschen, ihren Rhythmus wiederzufinden und bewusst auf ihre Gesundheit und ihr Zeitmanagement zu achten. Perfektionsstreben und rasanter Lebensrhythmus verursachen auf Dauer massive psychische und körperliche Schädigungen, was in den wachsenden Krankenständen der Firmen zu beobachten ist. Deshalb ist es Usus, dass mittlerweile jeder größere Betrieb geschulte Trainer engagiert, um den gefährdeten Mitarbeitern Mittel und Wege zu zeigen, wertschätzender mit sich und ihrer Zeit umzugehen. Sie helfen den Menschen, wieder auf den Boden zu kommen. Und das im wahrsten Sinne des Wortes.

Überforderte und überarbeitete Menschen verlieren den Boden unter ihren Füßen.

Dies ist ein zuverlässiges Indiz.

Womit wir wieder beim Gehen sind. Sie sehen, wie sehr unser Körper darauf reagiert. Interessanterweise wollen wir nicht glauben, dass solch eine „Banalität" unserem Leben Mehrwert bringt. Die Lösungen sollten doch etwas komplizierter sein. Sind sie aber nicht!

Wenn Sie sich in Situationen, die Sie dermaßen fordern, ein paar Minuten Zeit nehmen, um sich zu erden und auszuatmen, ist das Prävention im besten Sinne. Im Idealfall gehen Sie an die frische Luft, atmen bewusst ein und aus und schlendern zehn Minuten betont langsam. So findet Ihr Körper wieder einen gesunden Rhythmus. Eine wunderbare Möglichkeit, um in Kontakt mit sich und seinen Bedürfnissen zu bleiben. So können Sie gar nicht in die Krise fallen, da Sie immer wieder den gegenwärtigen Moment bewusst herstellen und spüren, was Ihnen guttut. Das ist Prävention. Es kann mir niemand erzählen, dass es dafür keine Zeit gibt.

„Der Vorteil dieser kleinen ‚Auszeit' ist, dass Ihr Gehirn Zeit hat, aufzuräumen und mit sich selbst spazieren zu gehen." (Ulrich Schnabel, „Muße")

Nichts tun, nichts denken. Gehen und nur Gehen!

„Das Entscheidende geschieht immer, wenn etwas aufhört. Denn dann geschieht Stille, und daraus entsteht das Neue. Ohne Stille kann Neues nicht entstehen, es ist nur eine Fortsetzung des Alten. Stille ist fruchtbar. Stille gebiert. Und schon fließen die Ideen. Ein gesunder Leerlauf wäre so gesehen geradezu lebenswichtig für unsere Gesellschaft – Geistesblitze aus dem Nichts. Wenn äußerer Input fehlt, kann das Gehirn auf einen riesigen Schatz an gespeichertem inneren Wissen zurückgreifen." (Ulrich Schnabel, „Muße")

Es ist nicht so, dass nichts passiert, wenn nichts passiert, sondern es geschieht das Unerwartete und Sie entspannen sich gleichzeitig.

Ich kann das nur bestätigen. Wenn ich in einem meiner Projekte, wie z. B. beim Schreiben dieses Buches auf der Stelle trete, höre ich auf und gehe weg und tu gar nichts. In Momenten, wo meine Gedanken Ruhe haben, formieren sie sich neu und bieten mir Ideen und Lösungen, mit denen ich gerade in diesem Augenblick nicht gerechnet habe.

„Ich räume meinen Kopf auf, um Platz für Neues zu schaffen."
Also, nutzen Sie die Ressource des „scheinbaren Nichtstuns".
Ihr Körper, Ihr Geist und Ihre Seele werden es Ihnen danken.

Spaziergang durch die Zeitzonen

Eine gute Möglichkeit, um von einem rasanten Lebenstempo herunterzukommen, ist, durch verschiedene Zeitzonen zu gehen. Ihr Körper findet so ganz natürlich den gesunden Rhythmus, der Ihnen guttut.

Vorbereitung: Sie wischen sich wieder alles, was Sie belastet, vom Körper weg. Danach lassen Sie Ihre Lippen flattern, wie ein Pferd. Das entspannt. Nun erden Sie sich.

Je öfter Sie diese Rituale machen, desto schneller wirken Sie. In herausfordernden Situationen denken Sie an diese kleinen körperlichen Interventionen, und Sie erhalten den entspannten Zustand, den Sie benötigen. Das kennt der Körper sehr schnell wieder. Je öfter, desto zuverlässiger.

Bevor Sie losgehen, geben Sie sich den Impuls „Ich gehe", und Sie gehen los im eigenen dem jeweiligen Zeitpunkt entsprechenden Rhythmus. Gehen Sie, so lange Sie wollen. Dann wechseln Sie Ihr Tempo und gehen circa eine Minute sehr schnell. Dann halten Sie an und gehen wieder eine Minute in Ihrem Tempo. Nun wechseln Sie wieder und bewegen sich schnell. Sie halten nun an. Jetzt gehen Sie sehr langsam, fast wie in Zeitlupe. Sie sind gedanklich mit jeder Ihrer Bewegungen verbunden und setzen den Fuß an der Ferse auf und rollen über den Vorderfuß langsam ab. Dies machen Sie eine Minute lang. Sie können diese Zeitzonen x-beliebig variieren, so lange Sie wollen. Sie beenden dies, indem Sie anhalten und sich bewusst erden. Dann drehen Sie um und gehen in Ihrem Tempo, das nun wesentlich langsamer ist, zurück.

Dieser Rhythmus entspricht Ihrer Persönlichkeit.

Wenn Sie Ihrem Körper alle möglichen Geschwindigkeiten im Wechsel anbieten, sucht er sich wie selbstverständlich die Mitte.

Die körperliche Balance ist unser natürlicher Zustand, der ganzheitlich und wohltuend auf Körper, Geist und Seele wirkt.

Tun Sie alles, um Ihre Balance zu pflegen.

So können Sie gar nicht mehr zu schnell werden und gehen sorgsamer mit sich um.

Das ist Burnout-Prävention im besten Sinne!

„*Die Menschen verfügen über ein Potenzial an Leben, aus dem wir schöpfen können, das wir uns in unseren kühnsten Träumen nicht vorzustellen vermögen.*" (*William James*)

Wer geht, gewinnt! Es ist Ihr Potenzial!

Geschichte am Bach – Toastbrot macht fit

Der alte Mann füttert die Enten und betreibt Gymnastik mit getrockneten Toastbrotscheiben, die er gekonnt in den Bach schleudert. Er grüßt und sagt: „Das ist ein gutes Training. So bleib ich fit."

So mach ich es immer – die Gewohnheit

Täglich musst du Dinge tun.
Lass es nicht darauf beruhn',
dass du ewig machst das Gleiche.
Ergründe spannende Bereiche,
lass es in den Alltag klingen,
deine Seele wird nun singen.

„Es bedeutet, im Einklang mit den Naturgesetzen zu leben, dies allerdings auf einer ursprünglichen Ebene. Unser Körper ist ein Tier, das darf man nicht vergessen. Ich sage nicht: Wir sind Tiere, der Körper ist ein Tier. Das Organische nun steht mit dem Kind-Aspekt in Verbindung. Das Kind ist fast immer organisch. Das Organische ist etwas, was man mehr hat, wenn man jung ist, weniger, wenn man älter ist. Es ist natürlich möglich, das Leben des Organischen zu verlängern, indem man gegen die Gewohnheiten, gegen die Macht des Alltäglichen ankämpft, die Verhaltensklischees zerbricht, beseitigt und – von der komplexen Reaktion – zur ursprünglichen Reaktion zurückkehrt." (Jerzy Grotowski, „Gurdjieff", S. 54 ff.)

Je älter ich werde, desto öfter entdecke ich Gewohnheiten an mir, die sich im Laufe der Jahre unauffällig in mein Handlungsszenario eingeschlichen haben. Sie sind, dem Gefühl nach, plötzlich da, und ich bin mir nicht bewusst, dass sie nach und nach Teil meines Lebens geworden sind. Wie selbstverständlich. Die lieben kleinen Gewohnheiten, die mein Leben scheinbar sicher, jedoch unbeweglich und überraschungsresistent machen. Kaffee in der Früh, Hundespaziergang danach, Tatort am Sonntag … Sie können diese Liste ganz beliebig entsprechend Ihren Vorlieben fortführen.

Das bewusst zu realisieren war für mich ein kleiner Schock, da mein Leben, zumindest beruflich, nicht durch Regelmäßigkeit bestimmt wird. Als freischaffend Tätige in Bereichen der Kunst, des Trainings- und Kulturmanagements sind Spontaneität, Flexibilität und freies Denken

Grundvoraussetzungen für einen erfolgreich funktionierenden Kultur- und Trainingsbetrieb. So dachte ich, dass ich davor gefeit bin, fixen, starren Lebensgewohnheiten anheimzufallen. Doch da habe ich mich getäuscht. Ich bin jedoch froh, dies rechtzeitig realisiert zu haben, und so begann ich die Gewohnheiten durch auch für mich überraschende Handlungsweisen zu ersetzen. Das Gefühl, das sich dann einstellte, war befreiend und fühlte sich an, als würde ich verschlossene Türen öffnen, und es zeigten sich völlig neue Perspektiven. Dies brachte und bringt mir mehr Lebensqualität in meiner langjährigen Ehe als auch in meinen Projekten. Immer wieder steige ich aus meinen gewohnten Fußstapfen heraus, wechsle die Perspektive und betrachte die Situationen aus einem neuen Blickwinkel. Ein mehr als herausfordernder, gleichzeitig aber sehr spannender Prozess.

Erfinden Sie sich neu und Sie werden Ihren langjährigen Partner, ihre Partnerin neu entdecken. Das erinnert mich an ein Buch mit dem Titel „Der Mann, der sein Gedächtnis verlor". Ein Mann erleidet einen plötzlichen Gedächtnisverlust, der ihm jegliche Lebensorientierung raubt. So versucht er nach und nach, wieder Anschluss an sein Leben zu finden, und reimt sich puzzleweise zusammen, was davor war. Im Laufe seiner Recherchen lernt er seine Frau kennen, die er ja nicht mehr kennt, und er verliebt sich unsterblich in sie. Leider muss er realisieren, dass er mit ihr in Scheidung lebt, was ihm aus seiner Perspektive vollkommen unverständlich erscheint. Sämtliche Gewohnheits- und Negativmuster waren gelöscht, daher konnte er sich ihr über Umwege wieder annähern. Mit den Augen eines Kindes gewissermaßen. Wahrlich ein Extrembeispiel, aber in den Ansätzen sicher ein guter Vergleich für eine Neupositionierung.

Es ist nichts, wie es ist!

Überdenken Sie Ihre Handlungsweise, arbeiten Sie an Ihrer neutralen, bewertungsfreien Haltung, so werden Sie neue spannende Zugänge zu Ihren Kollegen oder Mitarbeitern, zu Ihrem Leben finden. Die Lebensperspektiven verändern sich und bieten kreative ungeahnte Möglichkeiten. Eine wunderbare Lebendigkeit stellt sich ein, und das spüren Sie und das wird auch von anderen wahrgenommen. Sie geben Ihrem Leben und den herausfordernden Situationen Raum und Luft.

Es liegt nur an Ihnen.

„Dem normalen Menschen gehen im Tag ca. 60.000 Gedanken durch den

Kopf. 95% sind die genau gleichen, die bereits am Vortag durch den Kopf gegangen sind." (*Robin S. Sharma*, Tyrannei des verarmten Denkens, „Der Mönch, der seinen Ferrari verkaufte", S. 48)

Sind wir etwa auf die Welt gekommen, um ewig das Gleiche zu denken, zu fühlen und zu tun? Gebetsmühlenartig? Je mehr wir unsere Gewohnheiten pflegen, desto bedrohlicher wird alles, was sich außerhalb unserer formatierten Lebensdenkweise und Ordnung bewegt. Intoleranz ist eine logische Konsequenz daraus. Diese richtet sich nicht nur gegen „Fremdes", sondern zuallererst gegen uns selbst. Ich kann es täglich in meinen Seminaren sehen.

Sehen Sie sich als Forscher in Ihrem eigenen Leben und entdecken Sie Ungewöhnliches und Unbekanntes. Eine spannende Expedition in Ihr Inneres und Äußeres steht Ihnen bevor.

Machen wir uns auf den Weg!

Entdecken von Ungewöhnlichem im Alltäglichen

Die Geschichte der gekreuzigten Ente ist ein Beispiel dafür, welche Überraschungen Sie Ihrem Leben entlocken können. Der Spaziergang ist gleichzusetzen mit den täglichen Routinen, die unser Leben eintönig und überraschungsresistent werden lassen. Das muss jedoch nicht sein, denn Sie haben die Möglichkeit, in Wiederholungen und Routinen Neues zu entdecken. Jede Situation, sei sie noch so schwierig, birgt eine Chance in sich. Sehen Sie sich als Forscher, gehen Sie gewohnte Wege so, als würden Sie sie das erste Mal gehen. Dann passiert Überraschendes. Ich habe dies in meiner Zeit als Schauspielerin gelernt. Wir spielten ein Theaterstück manchmal bis zu 300 Mal, und ich fürchtete mich jedes Mal davor, ob ich in der Lage wäre, so zu spielen, als wäre es das erste Mal. Egal, in welcher Verfassung ich war, ob ich Probleme hatte oder mich körperlich unwohl fühlte, ich musste jedes Mal mein Bestes geben, was mir anfangs mehr als schwer fiel. Das Publikum interessierte es nicht, ob ich Probleme als Privatperson hatte oder schlecht gelaunt war. Mit dem Entdecken der

Ressource „Erden" lernte ich im Laufe der Zeit, mich vor der Aufführung zu neutralisieren, indem ich mich jedes Mal neu positionierte und mir sämtliche Gedanken, die mich einschränkten, wegwischte. Gleichzeitig entdeckten meine Kollegin und ich jedes Mal neue, witzige Situationen, die wir in der jeweiligen Aufführung in unser Spiel integrierten. Das erweiterte unser Handlungs- und Darstellungsspektrum, wir lernten zu improvisieren, eine permanente Entwicklung fand statt. Das war ungeheuer spannend und hilfreich, und so entdeckten wir, dass eine neutrale Ausgangshaltung jede noch so schwierige Situation zur Überraschung werden ließ. Routine gepaart mit der Lust zum Experiment wird somit zu einem Erlebnis.

Schauen Sie mit den Augen Ihres inneren Kindes, ziehen Sie die Augenbrauen nach oben, öffnen Sie Ihre Augen weit, lassen Sie Ihr Kiefer fallen und freuen Sie sich über Unerwartetes. Schauen Sie bewertungsfrei. Gehen Sie unbeirrt weiter und lassen Sie andere Menschen an Ihrer Expedition teilnehmen. So können sie mit Ihnen wachsen, und Sie bieten auch Ihrem Umfeld den Raum der persönlichen Entwicklung. Das Leben ist Entwicklung, so wie der Fluss, an dem ich täglich entlanggehe. Immer wieder hält er inne und sucht sich neue Wege, um seinen Lauf fortsetzen zu können, wenn sich ihm Widrigkeiten, wie Steine, Unwetter oder Schnee, in den Weg stellen. Das Leben ist ein Lernprozess, der erst mit dem Tod endet. Und wie es danach weitergeht, lässt sich nur erahnen. Wir sind noch lange nicht angekommen.

Anni will tanzen

An einem meiner Theaterprojekte nahm Anni, eine etwa 70-jährige Frau, teil. Sie litt an chronischen Depressionen, was ihr Leben und ihren Handlungsspielraum empfindlich einschränkte. So vieles war für sie nicht mehr denkbar, da sie glaubte, dass ihre Diagnose ihr dies nicht erlaubte. Sie identifizierte sich mit der Krankheit, sie war die Krankheit. Fröhlichkeit und Freude hatten darin keinen Platz mehr. Das ließ die Diagnose nicht zu. Anni kam mit ein paar Kollegen nach Abschluss des

Theaterprojektes zu mir ins Training, da sie die Körperarbeit liebte. Eines Tages betrat sie meinen Seminarraum mit kraftloser Körperhaltung und trauriger Miene, und ich fragte sie nach ihrem Befinden. Sie sagte, dass es ihr nicht so gut ginge. Ich blickte sie an und erwiderte, dass ich das sehe, ihre Augen jedoch etwas anderes erzählten. Ich sagte ihr, dass sie sehr fröhliche Augen hätte. In dem Moment schaute mich Anni an, richtete sich auf und sagte: „Ich war ja immer eine Lustige!" Und sie lachte. Nach zwei Stunden lebendiger und kreativer Körperarbeit verließ eine vollkommen andere Frau den Raum. Fröhlich und aufgerichtet. Während des Trainings fragte ich Anni, was sie denn vor ihrer Krise gerne getan hätte, und sie antwortete, dass sie unglaublich gerne getanzt hätte, sich nun aber nicht mehr unter Leute getraute und sie auch schon zu alt dafür sei. Ich regte sie an, Seniorennachmittage zu besuchen, wo auch getanzt wurde. Über den Körper zeigte ich ihr, wie sie sich stärken konnte, um den Wunsch auch in die Tat umzusetzen. Nach zwei Wochen kam eine strahlende Anni in das Training und verkündete mir stolz, dass sie zwei Tage zuvor tanzen war. Sie sah blendend aus und fühlte sich so lebendig wie schon Jahre nicht mehr.

Es muss nicht immer so sein, wie wir glauben, dass es zu sein hat. Wir können eigenständig entscheiden, wie wir mit uns und unserem Leben umgehen. Diese Freiheit haben wir. In Annis Fall trat das Körpergedächtnis zutage, das die gesunden, natürlichen Informationen gespeichert hatte.

Der Körper vergisst nichts. Das ist eine große Chance!

Nun sind Sie an der Reihe
Geben Sie einem Mitarbeiter, dem Sie bis jetzt nichts zugetraut haben, die Möglichkeit, eine schwierige Aufgabe zu lösen, und bringen Sie ihm das nötige Vertrauen entgegen. Nehmen Sie Ihre Partner oder ihre Partnerin, Kinder, Freunde und Kollegen aus Ihrem Bewertungsordner und geben Sie ihnen die Chance, sich neu zu positionieren, indem Sie sich immer wieder neutralisieren und aus der Bewertung herausgehen (siehe Erdung). So bieten Sie Ihrem Gegenüber die Chance, sich von einer neuen Seite zu zeigen. Die positive Reaktion erfolgt unvermittelt. Fordern Sie sich, indem Sie in herausfordernden Situationen Chancen erkennen und sie auch nutzen. Dies sind kleine Anregungen, um mehr Schwung und

Freude in Ihren privaten und beruflichen Alltag zu bringen, und wunderbare Möglichkeiten, mit Wertschätzung und Humor positive Akzente zu setzen. Sie werden staunen, wie viel Freude und Überraschung in Ihr Leben einkehrt.

Lob und positive Motivation innerhalb eines Teams können Berge versetzen. Loben Sie Ihre Mitarbeiter! Loben Sie Ihren Partner, ihre Partnerin! Loben Sie Ihre Kinder! Loben Sie Menschen, die kein Lob erwarten! Loben Sie sich!

Sie werden mit einem wunderbaren Lächeln belohnt!

In meinen Workshops arbeite ich immer wieder mit Teams, die schon sehr vertraut miteinander sind und ein bestimmtes, unverrückbares Bild ihrer Kollegen abgespeichert haben. Dieses Bild ist fix positioniert und hat einen engen Rahmen. Kollegin Erika schaut streng, Bernd ist witzig, aber zu wenig ernsthaft, Maria jammert ständig, Bernhard ist zuverlässig, aber unflexibel, Peter nervt immer etc. Diese Bilder könnte man nun beliebig erweitern bis hin zum Partner bzw. der Partnerin oder den Kindern, die ja eh nichts auf die Reihe bringen. Mit dieser Haltung ist Entwicklung und Veränderung beinahe unmöglich. Sie wissen, was ich meine, und können diese Gedanken beliebig weiterspinnen.

Ihrer Fantasie sind keine Grenzen gesetzt.

Da Sie diese Vorurteile auf Ihrer Festplatte abgespeichert haben, greifen Sie zuverlässig bei jeder Begegnung darauf zurück und nehmen bereits, bevor Sie jemanden treffen, eine bestimmte Erwartungshaltung ein. Sie bewerten vorher unbewusst und lenken damit die Begegnung in eine bestimmte Richtung, meist in eine vorprogrammierte negative. Das passiert lange bevor Sie in die Situation gehen und ein Wort ausgesprochen haben. Diese Gedanken spiegelt Ihre Körperhaltung wieder, die damit das Fundament für den Erfolg Ihrer jeweiligen Mission ist. Ihre körperliche Aktion zieht eine Reaktion nach sich, die oftmals nichts mit den Worten zu tun hat, die durchaus wohlgesagt sein können. Wir Menschen spüren intuitiv den Wahrheitsgehalt der Worte, wenn dies durch unseren Körper bestätigt wird. Misstrauen, negative Grundgefühle etc. spiegeln jedoch den wahren Zustand unserer Gedanken, und so entstehen sehr oft Missverständnisse, die wir nicht verstehen, da wir über unser äußeres Erscheinungsbild, sprich Mimik, Gestik und Körpersprache sehr wenig wissen. In der Schule würde dieses Nichtwissen mit „nicht genügend" beurteilt werden. Wir aber konzentrieren uns meist ausschließlich auf kognitive Inhalte, denen wir hohen Wert beimessen. Je komplizierter, desto besser. Wie soll eine gesellschaftliche Kommunikationskultur funktionieren, wenn wir nicht einmal wissen, was wir ausstrahlen, welche Mimik wir in unserem Gesicht haben und welche aufgestauten Spannungen wir auf unsere Familie und unsere Teams übertragen. Das ist unprofessionell.

Ohne Worte!

Diese Ignoranz ist in unserer Kommunikation „gang und gäbe" und prägt die Qualität der Begegnungskultur. Auf den Punkt gebracht, haben wir kaum eine Chance, aus diesem Verhaltenskorsett auszusteigen, wenn wir nicht Bescheid über uns selbst wissen. Dies sollte das Fundament für jede Führungskraft sein, denn sonst wiederholt sich jede Begegnung mit den gleichen Stereotypen, und wir werden erneut in unseren Vorurteilen bestätigt und handeln gleich wie immer und unser Umfeld reagiert gleich wie immer. So wie wir es erwartet haben.

… und täglich grüßt das Murmeltier!

Jeder Mensch hat vielfältige Reaktionsmuster und Ausdrucksmöglichkeiten, wenn er sie zulässt. Je mehr Sie sich hinter Gewohnheiten verschanzen, umso eingeschränkter werden Sie in Ihren Entscheidungen. Kreativität und Innovation werden empfindlich beschnitten.

Die Gewohnheit lässt den Nacken erstarren und lässt das Wahrnehmungs- und Toleranzfeld kleiner werden, ohne dass Sie es bewusst wahrnehmen.

Die Gewohnheit ist ein Killer jeglicher Innovation und Kreativität und fördert Ängste. Ihre Welt wird immer enger und somit bedrohlicher. Vieles ist außerhalb Ihres Vorstellungsvermögen, gerät in Vergessenheit oder wird zur Gefahr. Schade eigentlich!

Führungskräfte erzählen mir immer wieder, dass bevorstehende Änderungen im Unternehmen bei ihnen und ihren Mitarbeitern Angst und Ablehnung hervorrufen, bevor überhaupt darüber nachgedacht wurde. Meist werden die Veränderung von den Vorgesetzten bereits mit Unbehagen vorgetragen, was sich in der Haltung widerspiegelt. Der Atem wird angehalten, die Miene wird bedenklich und die Körperhaltung ist verkrampft. So wird bereits im Vorfeld der Verlauf der Besprechung unbewusst festgelegt. Sie atmen nicht, was bewirkt, dass auch Ihre Mitarbeiter nicht mehr atmen und argwöhnisch darauf achten, was Sie Ihnen zu sagen haben. Wenn Sie sich schon so unwohl fühlen, kann das nichts Gutes sein, was kommt. So wird die Veränderung zur Bedrohung. Wie kann man da die Bereitschaft erwarten, gewohnte Positionen zu hinterfragen oder zu verlassen? Diese Reaktion ist eine Antwort auf Sie! Dass das Leben oder das Arbeitsfeld durch Veränderungen wiederbelebt und spannender werden könnte, bedenken die wenigsten, da sie Ihre Unsicherheit spüren.

Wenn ich eine bequeme Position eingenommen habe, warum sollte ich sie nun verlassen, wenn die neue Position Unbehagen verursacht?

Die innere „Kündigung" ist die logische Konsequenz und zeigt sich körperlich folgendermaßen:

Mögliche körperliche Haltungen: starrer Nacken, breitbeiniges Stehen, sehr fersenbetont, verspanntes Kiefer, vorgeschobenes Kiefer, zusammengebissene Zähne, verspannter Nacken, harte Gesichtszüge, schiefer Kopf, eingeknickter Brustkorb, Hände am Rücken, verschränkte Arme vor oder hinter dem Körper.

„Je enger der Blick, desto mehr Angst vor dem Unbekannten." (Renée Schroeder, „Die Henne und das Ei")

Die oben angeführten Haltungsvariationen haben natürlich eine Wechselwirkung. Die Gedanken haben die Haltung ausgelöst, und nun erhalten Sie eine permanente Information der Starrheit. Meist sind wir in unseren Haltungen gefangen, deshalb werden wir aufgefordert, immer dieselben Handlungsstrukturen zu bedienen.

Dies zu verändern kostet scheinbar zu viel Kraft und erfordert Mut, zu sich und seiner Meinung zu stehen. Die Konsequenz daraus ist, dass ich außerdem zur Verantwortung gezogen werden kann. Und wer will das schon? Diese Angst lässt uns verstummen und resignieren. Und schon haben wir den Boden unter unseren Füßen verloren und eine Spannung mehr im Körper geschenkt bekommen. Ist das befriedigend?

„Die Leute haben zu wenig Zivilcourage. Sie wollen keine Entscheidung treffen, die zwar richtig ist, aber den Vorschriften widerspricht. Ungehorsam ist öfters die richtige Antwort. Je mehr wir haben, desto mehr Angst haben wir, und daher ist das Sicherheitsdenken auch übertrieben." (Renée Schroeder, Forscherin)

„*Ich halte es nicht aus, dass ich immer zur selben Zeit dieselben Menschen um dieselbe Ecke biegen sehe und die Karawanken (Bergkette in Kärnten) ständig vor den Augen.*" (*Anneliese Rohrer*, Journalistin, Interview in Menschenbilder, Ö1)

Kleines Haltungsexperiment

Nehmen Sie einmal bewusst eine der oben beschriebenen Haltungen ein. Nun versuchen Sie, konstruktiv und positiv zu denken. Es ist so gut wie unmöglich.

Der starre Nacken lässt Sie nicht mehr nach rechts und links blicken, somit haben Sie auch keinen Weitblick mehr. Alles, was sich außerhalb Ihres Blickfeldes befindet, wird zur Bedrohung. Sie haben sich selbst eingesperrt.

Ein kleinbürgerliches Symbol dafür sind die Thujenhecken, die malerisch um jedes Häuschen wachsen und jeglichen Blick nach außen verwehren. Was mir gehört, wird sichtbar gemacht, und außerhalb meiner Lebenswelt befindet sich die Gefahr.

Spüren Sie bewusst die Emotionen, die mit solch einer Haltung verbunden sind. Nehmen Sie einmal Haltungen von Menschen ein, mit denen Sie täglich zu tun haben. Dies ist eine effiziente Methode, um ihr Handeln nachvollziehen und besser verstehen zu können. So entwickeln Sie Einfühlungsvermögen. In der „Zeit" las ich einen interessanten Artikel über Führungspersönlichkeiten. Je höher die Verantwortung und der Wirkungsbereich der Führungskraft sind, umso mehr schwindet das empathische Vermögen, daher wissen die erfolgreichen Menschen oft sehr wenig über die Befindlichkeiten ihrer Mitarbeiter und verlieren jegliches Feingefühl im Umgang mit ihnen. Dieses Verhalten schadet aber nicht nur der Begegnungskultur im Unternehmen, sondern der Führungskraft selbst. Denn er oder sie hat das Gespür für sich selbst verloren, was das Fundament für eine wertschätzende Kommunikationskultur darstellt. Das Ziel vor Augen, treiben sich hochrangige Manager von einer herausfordernden Situation in die nächste und verlieren das Feingefühl für die Basis. In der Hitparade der Alltagshaltungen im Buch „Haltung fertig los" habe ich diese Karrierehaltung benannt: „Der Schispringer knapp vor dem Absprung". Vorgebeugter Oberkörper und immer vorwärts eilend. Diese Haltung ist ein verlässlicher Reiseführer ins „Nichtempfinden" und Burnout. Dann geht gar nichts mehr.

Wollen Sie das wirklich?

Nun steigen Sie wieder aus der gewählten Haltung aus, indem Sie sich diese mit bereits beschriebenem Körperritual wegwischen, sich erden und neutralisieren. Geben Sie sich, jedem Menschen und jeder Situation eine neue Chance. Neuer Tag, neue Chance! Das wäre doch was?

Das haben wir uns verdient.

Nichts ist so, wie es ist, außer Sie wollen es wirklich so. Sie haben jederzeit die Möglichkeit, Ihre Gewohnheiten zu verändern. Dann verändert sich alles, auch Ihr Umfeld. Sie können Ihr Umfeld nicht verändern, jedoch verändert sich das Umfeld, wenn Sie sich ändern. Es ist eine Frage der Positionierung.

Sie werden es an den Reaktionen erkennen.

„Der Mensch lebt durch die Gewohnheit, aber für seine Aufregungen und Sensationen." (William James)

Spaziergang der neuen Perspektiven

Nun ist es wieder Zeit für einen kleinen Spaziergang. Bereiten Sie sich vor, indem Sie Ihre Gewohnheiten und alten Gedankenmuster abstreifen. Flattern Sie mit Ihren Lippen und erden Sie sich. Nun gehen Sie los mit einem Impuls „Ich gehe". Setzen Sie, wie gewohnt, mit der Ferse auf, rollen Sie genüsslich Ihre Füße ab und genießen Sie jeden Moment des Kontaktes Ihrer Füße zum Boden. Nach einer Weile, je nach Lust und Laune, wechseln Sie die Richtung und verlassen Sie den Pfad Ihrer Gewohnheiten. Bevor Sie wechseln, bleiben Sie kurz stehen, suchen sich eine neue Richtung aus und gehen wieder mit einem Impuls bewusst los. Dann wechseln Sie wieder. Gehen Sie seitwärts, nach vor und rückwärts.

Halten Sie jedes Mal vor dem Richtungswechsel an, erden Sie sich und gehen Sie mit Mut den neuen Weg. Betrachten Sie Ihre tägliche Gehstrecke aus neuen Perspektiven. Sie werden viel Neues entdecken. Verlassen Sie den Pfad der scheinbaren Sicherheit. Wenn Sie gehen, drehen Sie Ihren Kopf nach rechts, während der Körper gerade bleibt, und betrachten Sie die Umgebung. Dann drehen Sie sich nach links. So lockern Sie Ihren Nacken und erweitern Ihren Wahrnehmungsbereich. Dies ist eine wunderbare entspannende Möglichkeit, die Feinmotorik zu verbessern und Ihre Nackenmuskulatur zu lockern. Experimentieren und variieren Sie, je nach Lust und Laune. Wenn Sie genug haben, kehren Sie wieder nach Hause zurück.

Diese Übung praktiziere ich immer in meinen Seminaren und ernte damit überraschte Gesichter, da die Teilnehmer realisieren, wie eingeschränkt ihre Bewegungs- und Handlungsmuster sind. Danach fühlen sich alle sehr frei, da sie erkannt haben, dass ihnen die kurze Erdung vor dem Richtungswechsel Sicherheit bringt und ihre Variations- und Konzentrationsfähigkeit erhöht.

Wenn Sie diesen Spaziergang mehrmals wiederholen, werden Sie bemerken, dass Sie in fordernden Stresssituationen gelassener reagieren, konstruktivere Lösungen finden und Ihre Fehleranfälligkeit geringer wird.

Mit diesem Spaziergang lernen Sie, sich jederzeit auf eine neue Perspektive einzustellen, und der angenehme Nebeneffekt ist, dass sich Nacken- und Kieferverspannungen lösen.

Sie können dies auch wunderbar in Ihren Alltag übertragen. Gehen Sie die Strecke zu Ihrem Arbeitsplatz anders, entdecken Sie neue Wege. Ändern Sie Ihre Tagesabläufe und Gewohnheiten. Probieren Sie Dinge aus, die Sie noch nicht kennen.

Tipp: Wenn Ihnen langweilig ist, führen Sie die Übungen oder Spaziergänge aus, die Sie ansprechen. Sie können sie so oft machen, wie Sie wollen. Je öfter Sie dies in Ihr Leben integrieren, umso schneller aktivieren Sie Ihre Spontaneität und können in herausfordernden Situationen entspannter reagieren. Das geht wie von selbst. Ihr Körper hat es bereits gespeichert. Und wenn Sie zu wenig Zeit für einen Spaziergang haben, dann praktizieren Sie dies auf Ihren täglichen Wegen in Ihre Arbeit oder ganz einfach von Büro zu Büro.

Eine lustige groteske Situation zu den Gangarten können Sie sich auf YouTube von den Monty Pythons, „The Ministry of Silly Walks", ansehen. Lernen Sie, über sich selbst zu lachen, und überlegen Sie einmal, wie Ihr „Silly Walk" aussehen könnte. Sie können dies in einem späteren Spaziergang ausprobieren.

Geschichte am Bach – Der Taubenschwarm

Heute flog ein riesiger Taubenschwarm über mir und ließ sich immer wieder im Feld nieder. Die Vögel flogen hoch, kreisten über mir, und bei genauerem Hinsehen sah ich eine wunderschöne weiße Taube, die sich munter zwischen ihren Fluggefährten bewegte. Ein schöner Anblick.

„Man" – Das Phantom

Zieht der Kopf zu sehr nach oben,
hat die Ferse keinen Boden.
Sagst du was, dann wirst du rot,
jeder sieht die große Not.
Stampf ruhig in den Boden rein,
Energie kann wieder sein.

Eine typische Redewendung für Menschen, die sich selbst zu wenig achten und ihre eigenen Bedürfnisse im Körper und in der Seele verstecken, ist: „Man muss." Das höre ich sehr oft, und manchmal entdecke ich auch an mir, dass sich das Wörtchen „man" unauffällig in meine Gespräche schleicht. Meist dann, wenn ich keine Entscheidung treffen will, aus Angst vor der Reaktion. Zugegeben, oft passiert mir das nicht mehr, da ich selten einen Grund finde, meine Meinung hinter einem „man(n)" zu verstecken. Was und wer ist „man" überhaupt und warum macht sich dieses Wörtchen, das aus jämmerlichen drei Buchstaben besteht, so wichtig? Man muss, man tut, man isst, man arbeitet, man grüßt, man heiratet, man studiert, man tut dies und das. Haben Sie sich schon einmal gefragt, wer hinter diesem „man" steht? Es ist wie ein Phantom, bläst sich auf wie eine Seifenblase und ist inhaltsleer. Wenn ich darüber nachdenke, entspringt das „man" bei mir sicher einigen Erziehungsmantras, die ich oft gehört habe, und ich hinterfrage dann, ob diese heute noch Gültigkeit haben. Ich meine, ich bin doch erwachsen genug, um eigene Entscheidungen zu treffen. Und ich bin schon lange erwachsen. Beobachten Sie sich einmal im Gespräch, wie häufig dieses überflüssige Wörtchen in Ihrem Sprachschatz vorkommt. Deckt sich Ihre Meinung mit der „man"- Meinung? Ist das, was Sie sagen, das, was Sie wirklich meinen? Wenn nicht, dann mache ich Ihnen einen Vorschlag. Nehmen Sie sich vor, in einem Gespräch, das „man" mit einem „Ich glaube" oder „meine Meinung ist" zu ersetzen. Die Erfahrung ist verblüffend! Plötzlich wird das Gespräch persönlich, spannend, konkret und klar. Niemand fühlt sich beleidigt, und Sie werden ein deutliches Aufatmen im Gegenüber spüren, weil Sie greifbar geworden sind, nicht hinter einem „man" verschwindend. Oder wollen Sie, dass Sie Ihre Mutter, Ihr Vater oder Ihre Großtante oder „man" zu geschäftlichen oder privaten Besprechungen begleitet? Ab dem Moment, wo Sie Ihre eigenen Entscheidungen treffen, werden Sie glaubhaft und Ihre Meinung wird ernst genommen (ich hoffe, nicht allzu ernst). Fürchten Sie sich nicht vor den Konsequenzen! Ich zeigte Ihnen bereits im Laufe meiner Ausführungen Möglichkeiten, wie Sie Ihre Meinung neutral und geerdet vorbringen können. Das erntet nur positive Reaktionen. Es geht nicht darum, „jemandem endlich die Meinung zu sagen", sondern zu erkennen, dass Ihre Meinung wichtig ist und vor allem gehört werden darf. Sie sind nicht hier, um sich hinter einem beliebigen „man" zu verstecken. Fürchten Sie sich nicht davor, Haltung zu beziehen und vor allem dazu zu stehen. Dies bietet nur Platz für negative Emotionen, die sich im Körper anstauen und wahre Energieräuber darstellen. Das ist auf Dauer fatal und äußert sich in physischen als auch psychischen Schmerzen. Weitere Beliebigkeitswörter sind „eh, irgendwie, vielleicht ...". Eine beliebte Entschuldigungsfloskel im Falle einer konkreten Meinungsäußerung ist der Nachsatz „Aber nicht, dass du glaubst". Somit sind wir sofort wieder Gutmensch, der „eh nur gesagt hat", und sind für allfällige Reaktionen unantastbar. Dieser Ausspruch bewirkt genau das Gegenteil dessen, was die Person will, dass ich denke. Ich werde misstrauisch und denke darüber nach, was ich nicht glauben soll.

Diese Worte haben eine immense Auswirkung auf Ihre Haltung und schränken Ihre Persönlichkeit, Ihren Handlungsspielraum und vor allem Ihr Wohlbefinden ein. Der Körper reagiert sofort und auch die Stimme und der Sprechrhythmus, z. B. in extrem schnellem Sprechen! Seien wir uns ehrlich, wer tut wirklich gern das, was „man" tut? Es ist eine unerhörte Gewohnheit, die uns nicht bewusst ist und die unsere individuelle Entwicklung massiv behindert. Diese Relativierungswörter machen „Weiterentwicklung" beinahe unmöglich.

„Man" verhindert uns!

In meinen Seminaren arbeite ich ständig mit Menschen aus unterschiedlichsten Berufsbereichen. Krankenpflegepersonal, Lehrer, Wirtschaftstreibende, Banker, Magistratsbedienstete, Sänger, Musiker, Schüler, Lehrlinge, alte Menschen sind Besucher meiner Seminare. Interessant ist, dass die „Relativierungsworte" und die damit verbundenen Handlungen überall anzutreffen sind, unabhängig von Alter und Berufsstand. Die wenigsten haben den Mut, ihre Meinung zu äußern, da sie ja dafür im wahrsten Sinne des Wortes geradestehen und Haltung zeigen müssen. So bleiben wir lieber beiläufig, angepasst und gefällig. Da kann uns nichts passieren. Es gibt keine Konsequenzen. Dies wird dann über Jahrzehnte praktiziert, was sich in unserem Körper und unseren Gesichtern wunderbar erkennen lässt. Verkniffene, ernste, humorlose Gesichter, die schon lange kein Lachen mehr gesehen haben, aber dafür eine Überdosis Ernsthaftigkeit, Verbiegung und Verdrängung.

> *Oberkörper eingeknickt,*
> *ganze Wirbelsäule zwickt,*
> *Stimme hat nun keine Luft,*
> *alles, was du sagst, verpufft.*

Leider muss ich sagen, dass dieses Verhalten bei uns Frauen besonders stark ausgeprägt ist. Statt Haltung zu beziehen, passen wir uns den jeweiligen Situationen an, lächeln und schlucken die eigene Meinung hinunter (Ausnahmen bestätigen die Regel). Wir wollen ja von allen gemocht werden, wir wollen nett sein zu Lasten unserer eigenen Weiterentwicklung. Dieses „Nicht"-Verhalten wird dann zur Norm. Wir weichen jedem Konflikt aus, werden immer unglücklicher, Kopf und Körper sinken in sich zusammen. Gleichzeitig sind unsere Augen in höchster Konzentration, da wir uns ja permanent selbst beobachten müssen, um keine Fehler zu machen, da wir unsere tatsächlichen Bedürfnisse nicht äußern, geschweige denn leben. Die Stimme wird weinerlich. Wenn wir noch ein Fünkchen von Eigenbedürfnissen in uns haben, sind wir irgendwann so spannungsgeladen, dass wir manchmal unverhältnismäßig heftig explodieren, was uns im Moment mehr als befreit („Das Kelomatprinzip" aus „Haltung fertig los"). Allerdings nur im Moment. Die Worte und Vorwürfe, die wir in dieser übermäßigen Emotion herausschleudern, bereuen wir spätestens fünf Minuten später, da wir in Momenten höchster Anspannung keine Konzentration für eine adäquate Wortwahl haben und damit schnell beleidigend werden können. Kleine feine Gewitter können herrlich erfrischend sein. Muskelspannungen und Atemblockaden lösen sich auf, verhärtete Gesichtszüge entspannen sich, und wir fühlen uns wie neu geboren. Herrlich!

Wenn Sie danach noch das Notfallgesicht (Übungsteil) machen, relativiert sich alles, und Sie müssen dann auch noch lachen. Und das ist der beste Weg in Richtung Humor und Authentizität.

Nehmen Sie sich nicht ganz so ernst!

„Der beste Sport ist, sich selbst auf den Arm zu nehmen." (Roman F. Szeliga, „Erst der Spaß, dann das Vergnügen")

Also, wovor fürchten Sie sich? Aber es geht auch anders.

„Man muss" verwandeln in „Ich entscheide"

Es gibt eine weitaus gesündere Variante, um solche Situationen auf wertschätzende Art und Weise zu lösen. Es kann, muss aber kein Gewitter sein.

Vertreten Sie Ihre Meinung neutral und ohne Bewertung!

Lernen Sie, Ihre Haltung zu zeigen und auch glaubhaft zu vertreten. Das funktioniert wunderbar über den Körper, und es geht mühelos. Glauben Sie mir. Wenn Sie die bereits beschriebene Erdungshaltung (neutrale Haltung) täglich in Ihr Leben einbauen, haben Anspannungen in Körper und Psyche keine Chance mehr. So sind Sie in der Lage, mit neutralem Blick auf Ihre jeweilige Aufgabenstellung zu blicken und dann an geeigneter Stelle zu deponieren.

Sie sind somit als Persönlichkeit klar und nachvollziehbar, und Sie werden ernst genommen. Das bereits ist ein großer Schritt in Ihre persönliche Zufriedenheit.

Die Welt braucht Ihre Einstellung und Ihre Meinung.

Grundvoraussetzung ist, dass Sie „Ja" zu sich sagen und sich selbst mögen. Diese Information können Sie sich über eine gute Verwurzelung und den aufrechten Gang geben.

Wir sind gut ausgestattet, nutzen Sie Ihre Ressourcen. Aktivieren Sie sie!

Es ist so einfach und tausendfach erprobt.

Wie verhält sich im konkreten Fall der Verdrängung unser Körper?

Unser individueller Umgang mit uns selbst hat eine immense Auswirkung auf die Körperhaltung, das ursprünglich ausbalancierte Lebens- und Körpergefühl wird Vergangenheit und weicht einer unbequemen Alltagshaltung, die uns lähmt und der wir fälschlicherweise keine Aufmerksamkeit schenken, außer sie verursacht Schmerzen. Dann spüren wir etwas, schreiben das jedoch unseren Verspannungen oder Bandscheibenvorfällen zu. Doch wie und warum ist es dazu gekommen?

Unsere Haltung bestimmt die Handlungsweise, mit der wir durch unser Leben gehen! Das wissen die wenigsten.

Verbale Synonyme sind das oft gehörte „Ich bin nun mal so, ich werde mich nicht mehr ändern" oder „Da kann man nichts machen" oder „Die da oben bestimmen, was ich zu tun habe" (siehe Kapitel „Raus aus der Opferrolle"). Sehr bequem und eine Lebensausrede für viele, die auf der Stelle treten und nicht bereit sind, ihre Gewohnheiten, die bereits ihre Ahnen gepflegt haben, zu verlassen. Tatsache ist, dass sich der Körper auf diesen Modus gleichgeschaltet hat. Zuverlässig! Und so haben Sie, das wird Sie erstaunen, Ihre Handlungs- und Reaktionsmöglichkeiten empfindlich verringert. Das wirkt sich aus auf Ihre Ausstrahlung, Ihre Stimmmodulation, Ihre Kreativität und letztendlich auf Ihre Gesundheit. Um das auszugleichen, benötigen Sie eine enorme Dosis an energiezehrenden Ersatzhandlungen. Sie arbeiten gegen eine körperliche und seelische Bremse an. Das ist energieraubend und macht schnell sehr, sehr müde (siehe Burnout).

> *Schultern sind zurückgezogen,*
> *Oberkörper vorgeschoben,*
> *Atem sich im Brustkorb staut,*
> *Stimme wird nun leis, nicht laut!*

Wenn Sie sich nicht äußern, wird Sie auch niemand nach Ihrer Meinung fragen.

Warum verhindern wir uns unnötig, wo wir doch mit so viel Potenzial und unendlichen Möglichkeiten geboren wurden? Warum nutzen wir sie nicht? Beobachten Sie kleine Kinder. Die sind variationsreich und kommunizieren mit Körper und Stimme. Die können das, weil sie ihren Wurzeln sehr nahe sind! Sämtliche Emotionen wie Begeisterung, Freude, Neugier, Schmerz, Wut, Scham sind sofort sichtbar und werden ausgelebt, falls es ihnen nicht schon ausgetrieben wurde. Da gibt's kaum körperliche Verspannungen und missmutige Gesichter. Spätestens im Schulalter beginnt der Prozess der Verbiegung, und eine Persönlichkeit muss schon sehr stark sein, um den Widrigkeiten des Lebens zu trotzen. Meist passiert es dann mit unverhältnismäßigen Kraftakten, wie Trotz, Aggression oder Resignation.

Fürchten Sie sich nicht und erobern Sie Ihre lebendige Haltung zurück. Fordern Sie sie von sich selbst ein, indem Sie Ihre Meinung äußern. Sonst verändert sich gar nichts.

Dies ist die Chance auf ein selbstbestimmtes und zufriedenes Leben.

Das erfordert Mut und hat nichts mit Egoismus zu tun.

Wenn Sie es nicht tun, wird Ihnen Ihr Lebensraum weggenommen und Sie treten auf der Stelle!

Man muss – Mögliche Körperbilder
Eingeknickter Brustkorb, Schultern hängen nach vor, Kopf im Hals, Füße knicken nach innen, Fußspitzen zeigen nach außen, Arme sind vor dem Körper gekreuzt, Oberkörper sinkt ins Becken, wenig Bodenkontakt …

Vielleicht finden Sie sich ja in den oben genannten Beschreibungen ein klein wenig wieder? Wenn ja, stellen Sie sich die Frage, ob Sie sich damit identifizieren können, denn diese Körperbilder sind ständige Souffleure Ihres Lebens und leiten diese Informationen zuverlässig an Ihr Gehirn weiter. Und Sie wissen nichts davon.

Mögliche Auswirkungen auf Sie und Ihr Leben
Ich bin mir nichts wert, ich nehme mich nicht ernst, ich räume mir keinen Stellenwert ein, ich äußere mich selten, ich darf keine eigene Meinung haben, ich kann nicht durchatmen, meine Stimme ist kraftlos, ich fühle mich als Opfer, ich erlaube mir keinen Erfolg, Lob nehme ich nicht an, ich will mich nicht in den Vordergrund drängen etc.

Es geht Ihnen so, wie die anderen wollen, erinnern Sie sich? (Fremdbestimmt)

Wie werden Sie wahrgenommen?
Sie werden nicht ernst genommen. Sie werden überhört. Sie werden gemobbt. Ihnen wird nichts zugetraut. Bemerken Sie die Passivform?
In all diesen Aussagen „werden Sie", Sie tun nicht, wohlgemerkt, „Sie werden" … Geht Ihnen ein Licht auf?

Aussagen von anderen über Sie
Er oder sie ist eine Brave, Liebe, Zuverlässige, Angepasste …
Wollen Sie das über sich hören? Ist es Ihre Aufgabe zu funktionieren, im Passiv? Möglicherweise passt Ihre Körperhaltung, die Sie vor langer Zeit eingenommen haben, nicht mehr zu Ihnen? Und nun die erfreuliche Nachricht!
Das können Sie ändern!
Über das Körpergedächtnis, das sämtliche gesunden Ur-Informationen gespeichert hat. Natürliche Erdung und Balance sind in unseren Zellen angelegt und müssen nur aktiviert werden. Das ist unser natürlicher Zustand, der uns gesunde Informationen liefert und uns gerne dabei hilft, unsere Authentizität zu leben. Ich sehe in meinen Seminaren täglich die Veränderungen, an die anfangs niemand glauben will.
Wir wertschätzen das Naheliegende nicht, weil es zu einfach ist!
Diese Informationen wirken nachhaltig, wenn Sie sie in Ihr Leben integrieren. Ich dokumentiere die Veränderungen ständig und bleibe mit vielen Seminarteilnehmern in Kontakt, die mir im Nachhinein berichten, wie sich ihr Leben seit der Haltungskorrektur positiv verändert hat. Wie gut das funktioniert, werden auch Sie bemerken. Es fühlt sich gut an.

Reaktion einer Wissenschaftlerin nach der Haltungsverbesserung
„Ich hatte zwar nicht geplant, Dir zu schreiben, aber es kommt ja im Leben immer anders, als man denkt, und ich wollte Dir ‚Danke' sagen, denn tatsächlich steht man nach der Haltungsoptimierung wieder anders

im Leben und sieht vor allem sich selbst und andere Menschen in völlig anderem Licht.

Ich überlege nun tatsächlich, mich über kurz oder lang selbstständig zu machen, um beruflich das anzubieten, was ich gut kann und gerne mache."

Durch die Haltungsoptimierung spüren wir wieder unser eigenes Wollen. Ist es wirklich unsere Aufgabe, ständig Kompromisse zu machen? Unsere Bedürfnisse als auch vergessene Vorstellungen vom Leben werden sichtbar und auch der Mut kehrt zurück.

Eine angespannte Haltung ist ein Killer jeglicher Kreativität und engt unseren Lebensraum empfindlich ein. Ertappen Sie sich nicht manchmal dabei, zu sagen: „Hätt ich doch oder warum hab ich nicht?" Nur Sie können dies ändern. Treffen Sie die Entscheidung. Das Schöne daran ist, dass alles, was Sie für Ihr Wohlbefinden benötigen, in Ihnen angelegt ist. Greifen Sie zu!

Experiment

Ein kleines Experiment, um die Wechselwirkung von Körper und Psyche nachvollziehen zu können.

Stellen Sie sich ins Gleichgewicht und verlagern Sie Ihr Gewicht und den Schwerpunkt auf den linken oder rechten Fuß und halten Sie den Kopf schief. Nun gehen Sie los! Die Gangdynamik geht in die Seite. Gehen Sie so ein paar Schritte und realisieren Sie die Gedanken, die Ihnen während des Gehens kommen. Dann denken Sie an ein unlösbares Problem. Wie denken Sie darüber? Sie werden sehr schnell bemerken, dass diese Art zu gehen Sie im wahrsten Sinne des Wortes ratlos werden und auf der Stelle treten lässt. Probleme werden somit ausweglos und unlösbar. Sie können sich nicht entscheiden. Befreien Sie sich aus diesem Gefängnis, bleiben Sie stehen und wischen Sie sich diese Gangart weg. Das bringt Sie nicht weiter.

Ich habe Ihnen bereits zu Beginn des Buches ein kleines Ritual vorgestellt. Erden Sie sich, richten Sie sich auf, stampfen Sie ein paar Mal mit den Füßen in den Boden und gehen Sie mit einem Impuls los. Nehmen Sie bewusst Ihre Arme mit, d. h. bewegen Sie die Arme während des Gehens bewusst mit. Spüren Sie, wie sich diese selbstbewusste Art zu gehen auf Ihre Stimmung auswirkt. Meist breitet sich nach ein paar Schritten bereits ein Lächeln in Ihrem Gesicht aus. So können Sie vergnügt über eine Lösung nachdenken. Es geht viel leichter.

„Menschen sind kreativ, wenn sie gut gelaunt sind."

Wenn Sie Zeit und Lust haben, machen Sie einen kleinen Spaziergang und beachten Sie oben angeführte Anmerkungen. Sie werden gestärkt und voller Motivation zurückkehren.

Ich tu dies immer, wenn ich Projekte vorbereite oder auch als Motivation zur Konkretisierung meiner Gedanken. Es bringt mich immer weiter. Nach diesen Spaziergängen kehre ich erfrischt und gut gelaunt zurück und bin wieder voller Tatendrang.

Gerade jetzt hab ich's gemacht. Es wirkt.

Diese kleinen Tipps sind einfach und naheliegend. Greifen Sie darauf zurück. Wir Menschen sind genial gedacht. Nur Denken allein bringt nichts, es erfordert Mut. Es liegt nur an Ihnen!

Ich entscheide

„Ein Weg bildet sich dadurch, dass er begangen wird." (*Dschuang Dsi*, „Das wahre Buch vom südlichen Blütenland")

Wie positiv sich diese kleinen Impulse auf individuelle Lebensläufe auswirken können, erzähle ich Ihnen jetzt.

Erika setzt sich durch

Ein Fuß knickt verschämt nach innen,
andrer Fuß ist wie von Sinnen,
lehnt sich auf die Außenseite,
will nur flüchten in die Breite.
Oberkörper wackelig,
Hirn ist nun ganz duselig,
weiß nicht mehr, ob aus noch ein,
bleibt ihm nichts, als laut zu schrein:
„Füße, lasst das Wackeln sein!"

Erika, eine Volksschullehrerin, besuchte ein Wochenendseminar bei mir. Sie erzählte, dass ihr Beruf ihre Leidenschaft sei, sie aber darunter leide, nicht „Nein" sagen zu können. So überhäuften sie die Vorgesetzten, Kollegen als auch Eltern mit Aufgaben, die sonst keiner machen wollte und ihrer Meinung nach unbedingt sofort erledigt werden mussten. Erika war grenzenlos überfordert und hatte die Nase voll. Ihr Lächeln wirkte erzwungen und war wie eingemeißelt in ihrem Gesicht. Sie vermittelte unbewusst, dass sie in allem kompetent sei, und auch ich konnte mir gut vorstellen, sie gerne mit Aufgaben zu versorgen. Innerlich war Erika jedoch genervt und angespannt. Sie litt auch unter Auftrittsängsten, die ihr das Sprechen bei Elternabenden oder öffentlichen Veranstaltungen erschwerten. Sie hatte diesbezüglich kein Selbstvertrauen. So ging sie täglich zur Schule, richtete ihren Blick auf den Boden, um ja niemandem zu begegnen, der ihr Energie und Zeit raubte. Am liebsten hätte sie sich in Luft aufgelöst, um keine Entscheidungen mehr treffen zu müssen. Die Folge war, dass die Leute in sie hineinrannten, um sie mit ihren Anliegen zu penetrieren. Erika hatte sich mit dieser Handlungsweise den letzten Raum weggenommen und war somit ungeschützt.

Das erinnerte mich ein wenig an meine Kindheit, als ich in unangenehmen Situationen die Augen schloss, um nicht gesehen zu werden. Ich dachte: „Wenn ich niemanden sehe, bin ich auch für die anderen nicht sichtbar."

Das funktionierte komischerweise nicht. Bei Erika auch nicht.

Das Gangbild von Erika: Sie ging mit einem verkrampften Lächeln zögernd los, und die Gangdynamik ging in die Seite. Sie erhielt somit die Information der Unentschlossenheit und bewirkte gleichzeitig, dass sich ihre Angst vor unangenehmen Entscheidungen verstärkte. Ihre Art zu gehen gab dem Gehirn die Information des Zweifels: „Soll ich oder soll ich nicht?" Die Reaktion war, dass sie uneingeschränkt von ihren Mitmenschen benutzt wurde, beruflich als auch privat. Sie konnte sich nicht abgrenzen.

Ich sagte Erika, dass sie sich die Information des Zweifels mit bereits beschriebenem Ritual wegwischen und sich neu positionieren sollte. Sie erdete sich, stellte sich in ihr Gleichgewicht, zeigte auf ein Ziel und sagte: „Ich gehe und ich entscheide." Dann ging sie los. Während des Gehens bewegte sie ihre Arme tatkräftig mit. Das Ergebnis war unglaublich! Erika blieb mit erstauntem Gesicht stehen und sagte, dass sie sich so anders, so selbstbewusst fühlte. Auch die anderen Teilnehmer des Seminars staunten ob der positiven Veränderung innerhalb weniger Minuten. Ich bat Erika, ein paar Mal in den Boden zu stampfen, sich erneut zu erden und nochmals mit einem Impuls loszugehen. Diese kleine Intervention führte zur Aktivierung des Urvertrauens und der Balance. Erika hatte verstanden und die positiven Veränderungen gespürt. Mit diesen Tipps kam sie in ihre Aufrichtung und ihr Selbstvertrauen.

Ich bat Erika nach dem Seminar, mich zu informieren, falls sich in ihrem Leben nach dieser Haltungsoptimierung etwas verändern sollte. Nach kurzer Zeit schrieb sie mir, dass sie durch die Erdung und Aufrichtung entschlossener wurde und selbstbewusst entschied, was gut für sie war. Sie vermittelte ohne Worte, dass man mit ihr nicht alles machen konnte und lernte, auch „Nein" zu sagen. So übernahmen ihre Kollegen wie selbstverständlich Aufgaben, die üblicherweise Erika erledigte. Erika wurde immer mutiger und lernte, mit Spaß und Freude vor Leuten zu sprechen. Sie kommuniziert nun mit einer Klarheit und genießt ihre öffentlichen Auftritte. Die Lehrerin fühlt sich sehr entspannt und zufrieden, und die Rückmeldungen auf ihre Veränderungen sind mehr als positiv. Es fühlt sich richtig an.

Mittlerweile ist Erika Direktorin einer Volksschule. Das hätte sie zwei Jahre zuvor nicht einmal zu denken gewagt. Das ist tatsächlich passiert.

Spaziergang in die Sichtbarkeit

Sie bereiten sich in üblicher Manier auf Ihren Spaziergang vor. Sie schütteln sich ein paar Mal kräftig, wischen sich negative Gefühle weg, flattern mit den Lippen und atmen ein paar Mal tief durch. Dann stellen Sie sich ins Gleichgewicht und gehen los.

Nun probieren Sie Folgendes aus. Sie legen Ihren Geh-Schwerpunkt auf die Innenkanten der Füße. Machen Sie kleine Schritte. Ziehen Sie die Schultern hoch und gehen Sie circa zwei bis drei Minuten so weiter. Spüren Sie die Veränderung bewusst. Mit dieser Gangart entmaterialisieren Sie sich, d. h. Sie verlieren Ihre Sicherheit und Ausstrahlung, was natürlich nicht das Ziel dieses Ausflugs sein soll. Achten Sie auf Ihren Atem! Was verändert sich an Ihrer inneren Haltung? Wenn Sie nun gespürt haben, wie unsicher der fehlende Bodenkontakt macht, halten Sie an und richten Sie sich auf den drei Punkten Ferse, Ballen innen und außen ein, indem Sie ein paar Mal in beide Richtungen kreisen. Nun gehen Sie und rollen Sie bewusst Ihre Füße von den Fersen über den Ballen ab. Mit jedem Schritt verstärken Sie den Kontakt zum Boden und genießen die Kraft, die in Sie hineinströmt. Bleiben Sie stehen und spüren Sie nach. Nun stampfen Sie ein paar Mal kräftig mit Ihren Füßen in die Erde und realisieren Sie die belebende Wirkung. Ihr ganzer Körper ist nun aktiviert und durchblutet. Treten Sie nun Ihren Heimweg an, mit gutem Bodenkontakt, und genießen Sie jeden Ihrer Schritte.

Dieser Spaziergang macht munter und stärkt Ihren Mut! Viel Spaß dabei!

Geschichte am Bach – Bruno und der Totengräber

Diese Geschichte möchte ich Ihnen nicht vorenthalten, obwohl sie schon mehrere Jahre zurückliegt. Unser erster Hund hieß Bruno, bei der folgenden Begegnung war er schon mehr als 14 Jahre alt. Er hatte massive Gelenksprobleme und seine Füße sackten beim Gehen, das eher einem Dahinwackeln glich, immer wieder ein. Die täglichen Geheinheiten ließ er sich aber nicht nehmen. So bummelte ich mit ihm langsam den Fluss entlang. Ständig blieben Leute stehen, um den armen alten Hund zu bemitleiden. Einmal begegnete ich dem alten Mann, den Sie ja schon kennen. Er erzählte mir, dass er in seinem aktiven Berufsleben ein paar Jahre als Totengräber gearbeitet hatte. Nachdem er Bruno ausreichend bemitleidet hatte, bot er mir an, ihn einzugraben, sollte er demnächst sterben. Das merkte sich Bruno. Jedes Mal, wenn wir bei unseren Spaziergängen dem alten Mann oder anderen Menschen begegneten, richtete sich mein alter Hund auf und stolzierte mit erhobenem Kopf an den Fußgängern vorbei, um dann, wenn sie außer Reichweite waren, wieder in sich zusammenzusacken und weiterzubummeln. Bruno zeigte Haltung.

Der Fuß – Ihr Lebensberater

„Man schreibt nicht nur mit der Hand, man schreibt mit dem Fuße. Der Fuß ist ein exzellenter Zeuge, vielleicht der Beste überhaupt." (Friedrich Nitzsche)

Warum ist der Fuß für unser Handeln so wichtig?

Meine Erfahrung hat mich gelehrt, dass wir mit der Ressource „Fuß" eine große Chance haben, unseren Lebensweg in eine Richtung zu lenken, die uns guttut. Betrachten wir die Füße als Navigator, der uns durch ein Leben lotst, das uns glücklich und zufrieden oder eben auch unglücklich machen kann.

Im Fuß ist das Leben geschrieben.

In der Ferse ist der Anfang von allem, Sie können es mit der Geburt vergleichen. Wir wurden geboren und haben vielfältige Optionen, unser Leben zu gestalten.

Die Ferse ist das „Ich bin".

Wir treten mit der Ferse auf, gehen los, rollen langsam über unsere Vorderfüße bis über die Zehen ab, im Vertrauen, und genießen jeden Moment des Abrollens. Das Abrollen von der Ferse Richtung Ballen ist gleichzusetzen mit der Entscheidung, unser Leben zu leben oder ein Projekt in Angriff zu nehmen. Das beginnende Abrollen symbolisiert, dass wir unsere Entscheidungen umzusetzen beginnen. Dann kommen wir zum Ballen.

Dort sitzt ein Pförtner und fragt: „Bist du das wirklich? Bist du dir vollkommen sicher?"

Hier wird hinterfragt, der Zweifel regt sich und gleichzeitig tritt die Vitalität in Erscheinung.

Wir antworten: „Ja, natürlich bin ich das", oder: „Nein, das bin ich nicht."

Der Pförtner fragt noch einmal nach. Wir bleiben im Vertrauen auf unseren Füßen stehen, der Bodenkontakt ist perfekt, das Kiefer entspannt, und wir sagen mit Leichtigkeit: „Ich glaube an mich." Der Pförtner schweigt beeindruckt. Wir setzen unseren Weg fort und rollen über die Zehen ab. Die Zehen geben uns einen Impuls, dranzubleiben und weiterzumachen.

Nun folgt ein kurzer Moment der Instabilität, der gleichzeitig die Chance zum Innehalten bietet. Nun verlässt der zweite Fuß den Boden, um die Geschichte Ihres Lebens weiterzuschreiben.

Der Augenblick, in dem der Fuß die sichere Erde verlässt, birgt eine kleine Unsicherheit, gleichzeitig aber eine große Chance in sich. Hier ist nichts planbar und deshalb alles möglich. Hier liegt die Option der Veränderung, des Richtungswechsels, des Innehaltens, die Möglichkeit der Innovation.

Das ist der Augenblick, den wir nicht vorausplanen können, etwas, wovor wir uns alle fürchten! Warum bloß?

„Die Leere zwischen einem Schritt zum nächsten ist nicht berechenbar. Unberechenbarkeit erzeugt Angst."

Schon lange beschäftige ich mich mit Haltung und Körpersprache, mit dem optimalen Bodenkontakt und der Erdung. Wie sehr sich jedoch die unterschiedlichen Fußpositionen auf unser Leben auswirken, wusste ich sehr lange nicht. In meinen Seminaren konzentrierte ich mich über lange Zeit auf das Gesamtbild meiner Teilnehmer, d. h. Körper- und Kopfhaltung, Körperspannung, Atmung und Stimme. Diese Zusammenhänge und die damit verbundenen Auswirkungen zu erkennen erleichterten mir den Blick auf die Gesamtpersönlichkeit. Gleichzeitig wurde mir durch aufmerksame Beobachtung immer klarer, dass der individuelle Kontakt der Füße zur Erde eine enorme Auswirkung auf uns Menschen hat.

Wie kann man sich das nun vorstellen?

Wir haben völlig unterschiedliche Arten zu stehen. Der Schwerpunkt kann auf den Fersen oder auf dem Vorderfuß liegen. Bei manchen Menschen liegt er auf den Außenkanten der Füße, bei anderen wiederum auf den Innenkanten. Viele rollen über die Außenkanten bis zum Ballen ab, manche rollen gar nicht ab und kommen mit dem Fuß von oben auf dem Boden auf. Viele setzen ihren Fuß vorsichtig auf und gehen wie auf Eis. Andere wiederum bleiben auf der Ferse kleben und ihre Füße zeigen forsch nach außen. Sehr oft wird ein Fuß nach innen, der andere nach außen abgerollt. Dies scheint belanglos zu sein, hat jedoch große Auswirkungen auf Körper, Geist und Seele.

Die Seminarerfahrung mit unzähligen Menschen brachte mir immer mehr Klarheit über den Zusammenhang der Fußstellung auf die Ansichten und Handlungsweise der jeweiligen Person. Ich erkenne sehr schnell, wie selbstsicher ein Mensch ist, wo Blockaden im Körper als auch im Leben liegen. Die Fußstellung zeigt soziale Kompetenz, Minderwertigkeitsgefühle, Mut zum Risiko, Angst, Entscheidungsschwächen, Durchhaltekraft, Selbstüberschätzung, Bescheidenheit und vieles mehr. Die Füße zeigen, wie empathisch oder unsensibel Menschen sind und wie es um ihre Entscheidungsfähigkeit und Selbstvertrauen bestellt ist. Nach wenigen Schritten kann ich zuverlässige Analysen abgeben, die der Ausgangspunkt für eine Haltungsoptimierung sind. Somit lernen die Menschen, eigenständig in ihr Potenzial und positives Selbstwertgefühl zu kommen.

Ich werde Sie nun mit Fußinformationen vertraut machen, von denen Sie vielleicht noch nie gehört haben. Sie können dies ab nun bewusst in Ihr Leben integrieren. Das verschafft Ihnen echte Erleichterung! Es ist eine Befreiung!

Fußinformationen

Zu viel Ferse stoppt den Schritt,
Becken streikt, das Kiefer mit.
Wuchtig wird gestikuliert,
was die Menschen konsterniert.

Die Ferse
Hier sitzt das Selbstvertrauen, die Ur- und Entscheidungskraft, der Mut, die Qualität des gegenwärtigen Augenblicks. Die Ferse vermittelt Ihnen, im „Hier und Jetzt" zu sein als auch den Ausgangspunkt für Ihre innere und äußere Balance.

Achten Sie in Momenten des Vortrags, in Meetings und Krisengesprächen darauf, dass Ihre Fersen und Ballen auf dem Boden bleiben. Dann bleiben Sie bei sich und in Ihrer Konzentration und Glaubwürdigkeit.

Die Ferse ist direkt mit dem Becken und dem Kiefer verbunden. Die falsche Fersenbelastung wirkt sich somit auf die gesamte Haltung und auch auf die Körperspannung aus. Eine falsche oder zu starke Fersenbelastung ist ein Garant für Rückenleiden.

Der Ballen
Im Ballen wird hinterfragt, ob Ihr Weg der richtige ist. Der Zweifel kann hier Raum gewinnen, wenn Sie nicht weiter abrollen. Gleichzeitig steckt hier die Information der Vitalität und Sinnlichkeit.

Wenn Sie müde sind, drücken Sie mehrmals die Ballen bewusst in den Boden. Das aktiviert den Kreislauf und macht munter.

Der Ballen ist verbunden mit Oberkörper, Oberarmen und Oberschenkel.

Die Zehen
Wenn Sie weiter über die Zehen abrollen, werden Ausdauer und Mut gestärkt. Sie erhalten den Impuls, weiter an sich zu glauben und Ihre Projekte im Vertrauen fortzuführen.

Die Zehen sind unsere Stiefkinder, da sie entweder in zu enge Schuhe gequetscht werden, was oftmals Kopfschmerzen hervorruft und uns die Konzentration raubt.

Die Zehen sind direkt mit dem Kopf verbunden.

Betrachten wir nun unseren Fuß als Buch, als Lebensbuch, das wir selbst schreiben. Welche Geschichte wollen Sie erzählen? Sie können dies bewusst steuern, indem Sie sich in Ihrer Balance einrichten und beim Gehen bewusst Ihre Füße abrollen bis zum nächsten Schritt. Das innere Gleichgewicht, das dadurch gestärkt wird, lässt Sie mutiger, kreativer, entscheidungsfreudiger, fröhlicher und zufriedener werden.

Optimal ist es, wenn Ihre Fußspitzen gerade nach vor zeigen und Sie im Stand auf den drei Punkten, die ich schon erwähnte, stehen. Diese sind in der Mitte der Ferse, am Fußballen innen und außen. So haben Sie eine gute Basis für eine aufrechte und geerdete Haltung. Im Gehen rollen Sie Ihre Füße von der Ferse über den Ballen und die Zehen ab.

Das alles liegt in Ihrer Hand! Nein, es liegt in Ihrem Fuß!

Sie bringen Fluss in Ihr Leben, indem Sie mit gleichmäßigem Abrollen Ihr Selbstvertrauen mit guter Energie füttern und Blockaden in Körper und Seele beseitigen. So fühlen Sie sich frei, der Mut und die Experimentierlust kehren in Ihr Leben ein. Sie treten nicht mehr auf der Stelle, sondern beschreiten Ihren persönlichen selbstbestimmten Weg in Ihre Freiheit.

Seit ich diese Zusammenhänge erkannt habe, sind meine Seminare und Trainings weitaus effizienter und nachhaltiger geworden. Die Teilnehmerinnen und Teilnehmer bestätigen mir dies mit äußerst zufriedenen Rückmeldungen. Ihr Leben verändert sich grundlegend hinsichtlich Selbstbestimmtheit, Mut und Rückengesundheit. Unglaublich, aber wahr. Die Lösung liegt in uns.

In unseren Füßen!

Spaziergang zur Stärkung des Urvertrauens – Slow Motion

Nun haben Sie wichtige Informationen über Ihre Füße erhalten. Wir werden diese in einem sehr bewussten Spaziergang gut positionieren.

Sie kennen sich ja nun schon aus, wie Sie sich vorbereiten müssen, nehmen Sie sich ein wenig Zeit für einen Muße-Spaziergang, der Ihnen viel Entspannung und Freude bringen wird.

Suchen Sie sich einen Weg im Wald, der menschenleer ist und auf dem Sie sich unbeobachtet fühlen. Gehen Sie zuerst ein paar Minuten in Ihrem eigenen Tempo. So nach und nach verlangsamen Sie Ihre Geschwindigkeit, bis Sie ganz bewusst einen Schritt nach dem anderen setzen. Dann bleiben Sie stehen und atmen ein paar Mal ein und aus. Stellen Sie sich vor, dass Sie mit jedem Ausatmen Spannungen in die Erde abgeben. Nun heben Sie, wie in Zeitlupe, einen Fuß und machen einen Schritt in „Slow Motion", ganz langsam. Setzen Sie Ihren Fuß mit der Ferse auf und rollen Sie in Echtzeitlupe Ihren Fuß ab, während Sie gleichzeitig ausatmen. Der restliche Körper folgt langsam im Vertrauen. So setzen Sie diese Zeitlupen-Schlenderei fort. Richten Sie Ihre Augen auf Ihre

Füße und beobachten Sie genau das Abrollen. Nach ein paar Minuten, wenn Sie mehr Balance haben, halten Sie an, schauen Sie langsam um sich und beobachten Sie bewusst Ihre Umgebung. Genießen Sie jeden Moment. Dann gehen Sie wieder weiter. Dies machen Sie, solange Sie wollen. Sie beenden diese Zeitlupenwanderung, wann Sie wollen. Stellen Sie sich wieder bewusst hin und schlendern Sie nun in Ihrem eigenen Tempo nach Hause.

Mit diesem Spaziergang stellen Sie einen wunderbaren Ganzkörper-Kontakt her. Urvertrauen und Konzentrationsfähigkeit werden gestärkt. Eine ideale Vorbereitung, wenn Sie eine Prüfung vor sich haben oder Lernstoff zu bewältigen haben. Die Ausdauer und Merkfähigkeit erhöhen sich um ein Vielfaches. Dies ist ein wunderbarer Ausgleich bei Stress, da Körper und Seele die Möglichkeit erhalten, sich auf ihren gesunden Rhythmus einzupendeln.

Meine Seminarteilnehmer fühlen sich nach dieser Geh-Übung sehr entspannt und durchblutet. Ihre Gesichter entspannen sich und die Augen beginnen zu leuchten.

Geschichte am Bach – Achtsamkeit im Alltäglichen

Heute bin ich wieder dem freundlichen ägyptischen Stadtgartenarbeiter, der uns bei der gefangenen Ente geholfen hat, begegnet. Pünktlich um 10 Uhr vormittags hält er sein Auto an und macht Vormittagspause. Er sitzt im Klein-Lkw bei geöffnetem Fenster und lässt sich die Sonne ins Gesicht scheinen. Er isst mit größter Achtsamkeit seine Vormittagsjause. Langsam und mit Genuss widmet er seine ganze Aufmerksamkeit seinem Brot und kaut Bissen für Bissen bewusst und genießerisch. Er lächelt dabei und sieht zufrieden aus. Er winkt mir aus dem Auto zu und wünscht mir einen schönen Tag.

Raus aus der Opferrolle

Oberkörper sinkt ins Becken,
Kopf kann sich nun nicht mehr strecken.
Jämmerlich in der Natur
steht die traurige Figur.

So, wie Sie sich im Leben positionieren, so sieht die Reaktion Ihrer Umwelt aus. Mobbing ist ein Produkt von Aktion und Reaktion.

Immer wieder kommen Leute während meiner Seminare zu mir und sprechen das Thema „Mobbing" an. Entweder sind sie selbst davon betroffen oder sie erzählen von ihren Kindern, die in der Schule ausgegrenzt werden. Tatsache ist, dass das Thema brisant und aktueller denn je ist. Die Frage, ob eine Körperhaltung ein Grund dafür sein kann, gemobbt zu werden, kann ich mit einem großen „JA" beantworten. Natürlich bedarf es der Menschen, die sich als Opfer zur Verfügung stellen, und der anderen, die ihre eigene Unzufriedenheit in dieser jämmerlichen Art auf andere abladen. Das ist eine klare Geschichte.

Geht's auch anders? Ich denke, ja! Es geht!

Das ist alles eine Frage der Haltung.

Wie ich Ihnen erzählt habe, war ich in der Schule ein klassisches Mobbingopfer, nur kannte man diesen Begriff damals nicht. Ich würde es als Quälen im Schulalltag bezeichnen.

Aber wie sah meine Haltung damals aus?

Ich hatte bereits eine Disposition zum Hohlkreuz. Die verstärkte sich in der jeweiligen Stresssituation so, dass mein Becken und meine Schultern nach hinten wichen. Der Brustkorb und Kopf streckte sich nach vor, was meinem Kämpfergeist entsprach. Für das Gegenüber war dies eine Provokation. Ich wusste das nicht.

Diese Blockadehaltung nahm mir im entsprechenden Moment die Luft und die Worte. Mein Körper war förmlich nach hinten geflüchtet. Dadurch fühlte ich mich einerseits ständig unter Spannung und andererseits unfähig, klare Gedanken zu fassen, geschweige denn zufriedenstellende Leistungen zu erbringen.

Heute weiß ich, dass eine aufgerichtete Haltung und eine gute Erdung

„Mobbing" unmöglich machen. Wenn wir es lernen, geerdet, aufgerichtet und in Augenhöhe mit Menschen zu sprechen, können wir keine Mobbingopfer werden. Ein aufgerichteter geerdeter Mensch eignet sich nicht als Mobbingopfer.

Die Entscheidung, wie wir im Leben stehen, haben wir selbst zu treffen. Fühlen wir uns wohl als Opfer, ist dies vielleicht auch eine kleine Ausrede, um keine Verantwortung übernehmen zu müssen. Definieren wir uns über das Gequält-Werden? Es stellt sich die Frage, ob ich da mitspielen will. Diese Entscheidung kann niemandem abgenommen werden. Die muss er oder sie schon selbst treffen.

Wir werden nicht als Opfer geboren und müssen auch nicht als solche sterben. Ich zeige Ihnen einen Weg, wie Sie sich Ihren Körper zum zuverlässigen Partner machen, um nicht zum Opfer zu werden bzw. aus dieser unfreiwilligen Situation aussteigen zu können.

Immer wieder treffe ich Menschen, die bei mir Hilfe suchen, weil sie keine leichte Situation in Ihrem Leben haben, da sie sich als ständige Opfer betrachten und auch die jeweilige Körperposition eingenommen haben. Die Haltungen der Betroffenen ähneln sich (siehe Spruch).

Der Oberkörper sinkt ins Becken, der Kopf kann sich nun nicht mehr strecken. Hier befindet sich der Körper in einem Gefängnis. Der unbewegliche Oberkörper bewirkt eine eingeschränkte Reaktionsfähigkeit. Gleichzeitig wird die Stimmqualität durch die unbewegliche Kopf- und Beckenhaltung minimiert. So klingt die Stimme der Betroffenen oft sehr dünn, monoton und weinerlich. Wenn diese Person einen Raum betritt, erzählt sie in den ersten Sekunden ihre Geschichte, die da lautet: „Ich bin Opfer, ich bin arm, keiner mag mich." Und das passiert, bevor der oder die Betroffene ein Wort geäußert hat. Resignation auf allen Linien und eine Aufforderung, als Opfer behandelt zu werden. Es ist so, als würde diese Person einen Leuchtbalken mit roten Lettern über sich tragen mit dem Text: „Bitte quäl mich!"

Wenn der Oberkörper ins Becken sinkt, wird der Kopf gesperrt und hat eine eingeschränkte Eigenbewegung. Der Kopf wird somit unbeweglich, das Becken blockiert, der Atemfluss unterbrochen und die Stimme weinerlich und monoton. Dagegen anzukämpfen, ohne die Haltung zu verändern, ist beinahe ein Ding der Unmöglichkeit. Die Information des Versagers geht unweigerlich an das Gehirn und umgekehrt. Da bleibt einem nichts mehr anderes übrig, als zu jammern.

Probieren Sie einmal diese Haltung aus und gehen Sie ein paar Schritte. Und dann sprechen Sie. Sie werden erstaunt sein, wie Sie sich fühlen. Dann können Sie plötzlich die Situation der Betroffenen nachempfinden. Sie können gar nicht anders.

Dies ist eine klare Resignationshaltung und wirkt in diesem Falle wie ein Gefängnis.

Die Reaktionsmuster sind empfindlich eingeschränkt, und so wird man (beachten Sie „wird man") zum Spielball seiner Umwelt und kann sich gar nicht dagegen wehren.

Oben genannte Zusammenhänge sehe ich ständig in meinen Seminaren.

Wie groß die Wechselwirkung von Körper und Psyche ist, wird im Buch „Embodiment" von Psychologen, Hirnforschern und Körpertherapeuten eindrucksvoll beschrieben. Und genau damit werde ich Sie vertraut machen.

„Burnout", „Stress", „Depression" und „Mobbing" sind häufig gebrauchte Wörter unserer Zeit.

Sie verleihen speziellen Situationen einen Stempel und eine Dramatik, die sich allein durch die Klassifizierung schwer bewältigen lässt.

Probieren Sie einmal Folgendes aus: Ersetzen Sie den Begriff Burnout durch „Überarbeitung", Stress durch „Ich habe viel zu tun". Damit nehmen Sie der jeweiligen Situation die Dramatik.

Ich hab damit fantastische Erfahrungswerte in sämtlichen Bereichen. In meiner künstlerischen Arbeit mit psychisch labilen Menschen gab es während unserer gemeinsamen Zeit so gut wie keine Krisen, da wir mit den Menschen und ihren vergessenen Potenzialen gearbeitet haben und nicht mit den Diagnosen. Über den Körper erspürten wir „versteckte, vergessene, unentdeckte Schätze". Die Teilnehmer erinnerten sich plötzlich an ihre Talente und Potenziale. Mit Freude erzählten sie, dass sie viel gelacht, getanzt, musiziert, fotografiert haben. Vor der Krise. Sie erinnerten sich, dass es noch etwas gab außer der Diagnose und der Krankheit. Sie hatten Träume und Bedürfnisse, sie hatten ein Leben mit allem, was dazugehört. Sie erinnerten sich daran, dass sie ja nicht immer krank waren und eine gesunde Seele in ihnen steckt, somit kehrte ein wenig Selbstvertrauen zurück.

Auch hier funktionierte das Körpergedächtnis.

Es geht nur darum, Menschen eine Perspektive zu geben, trotz

Einschränkung. Darin liegt ein ungeheures Potenzial. Leider ist Schwäche in unserer perfekten Gesellschaft nicht erlaubt, und wir haben schon früh gelernt, zu betonen, was wir nicht können.

Warum bloß?

Ein Mensch, der sich und seine Bedürfnisse lebt und dazu steht, ist authentisch. Er hat keine Lust, andere zu quälen, es müsste keine Mobbingopfer geben. Wenn wir aber den Kontakt zu uns verloren haben und nur mehr Befehlsempfänger sind und gelebt werden, wird „Mobbing, Ausländerfeindlichkeit ..." ein Ventil, durch das wir unsere Frustration ablassen können.

Es gibt doch so etwas wie Eigenverantwortung.

Ich behaupte, dass es unsere Aufgabe ist, an unserer Balance zu arbeiten. Das macht unsere Gesellschaft menschlicher. Gleichzeitig bringt dies Professionalität in das Berufs- und Privatleben. Aus dieser Sicht wird das Thema „Mobbing" sehr selten betrachtet.

Fehlendes Gespür ist auch täglich in der Politik zu sehen, was eine große Politikverdrossenheit bei den Wählern nach sich zieht. Viele Politiker spüren sich selbst nicht mehr, sie haben ihr Feintuning verloren. Herzlichkeit, Offenheit, eine ehrliche Meinung, ein Eingestehen von Fehlern, konstruktive Vorschläge im Sinne eines funktionierenden Miteinanders gibt es schon lange nicht mehr. Also warum sollten Politiker ein Vorbild für uns sein? Sie legitimieren sich über die Fehler der anderen und umgekehrt. Die Parteiprogramme sind schon lange mehr als dürftig und teilweise menschenverachtend. Wer ist daran interessiert? Das wird uns täglich öffentlich vorgelebt, also wieso sollten wir uns anders verhalten?

Alles Ungemach geht von der kleinsten Zelle aus.

Wenn Sie ein Mobbingopfer sind oder jemanden kennen, der immer ausgenutzt, diffamiert und benutzt wird, sehen Sie sich bewusst die Haltung dieser Person an. Meist ist sie eingeknickt, der Blick richtet sich nach unten, die Bewegungsdynamik nach innen, und der Bodenkontakt lässt zu wünschen übrig.

Diese Haltung suggeriert der Psyche, dass ich es nicht wert bin, meine Bedürfnisse zu äußern und Raum im Leben einzunehmen.

Ein Mensch, der sich selbst keinen Raum gibt, wird von seinen

Mitmenschen auch keinen Raum zur Entfaltung bekommen. Im Gegenteil, der spärliche Aktionsradius wird weiter eingeschränkt. Auswirkungen sind, dass wir nicht ernst genommen, ausgenutzt und übersehen werden. Im Berufsbereich sehe ich sehr oft, dass solchen Menschen systematisch der Erfolg weggenommen wird, obwohl sie ihn verdient hätten. Andere dominantere Mitarbeiter drängen sich nach vor, wenn es um die Ernte geht. Wo ist da die Befriedigung?

Reduzierte Haltungsbilder wirken sich auch auf das Stimmvolumen und den Stimmklang aus. Die Stimmen klingen kraftlos hauchend, piepsend, monoton und jammernd. Die Betroffenen hören sich selbst meist beim Sprechen zu, d. h. ihre Stimme ist ihnen so fremd, als würde sie nicht zu ihnen gehören. Das ist immer ein Zeichen dafür, dass sie nicht mit sich selbst verbunden sind.

Telefonleitung unterbrochen.

Sie sehen also, welche Auswirkung eine von Ihnen gewählte Haltung haben kann. Stimmt sie wirklich mit Ihren tatsächlichen Bedürfnissen überein?

Präsenz und Authentizität

Präsenz entsteht, wenn ich „Ja" zu mir sage.

Präsenz entsteht, wenn ich mich liebe, so wie ich bin.

Präsenz und Authentizität entstehen in dem Moment, in dem ich mit dem, was ich sage und tue, verbunden bin.

Präsenz heißt, im Moment sein – ohne Zweifel!

Ich zeige Ihnen eine Übung, wie Sie sich mehr Präsenz verschaffen können!

Erweitern Sie Ihren Handlungsspielraum

Bereits an den Gehübungen am Anfang meiner Seminare erkenne ich sehr schnell die Präsenz der einzelnen Seminarteilnehmerinnen. Die Größe der Schritte, die Weite oder Enge der Bewegungen, die Öffnung des Mundes etc. sagen viel darüber aus, wie viel Raum sich der Mensch im Leben erlaubt. Diese Dinge passieren ja alle unbewusst. Stellen Sie sich einmal bewusst hin, achten Sie auf guten Bodenkontakt und zeigen Sie mit Ihren Armen, was Ihr Handlungsspielraum ist, und sagen Sie laut und mit Überzeugung: „Das ist mein Raum." Zeigen Sie mit Ihren Armen in alle Richtungen, wie groß Ihr Raum ist. Er kann in die Seite gehen, nach unten, nach oben … beliebig. Schon jetzt werden Sie realisieren, ob Ihre Bewegungen in die Weite gehen oder die Armbewegungen sehr knapp am Körper bleiben. Erweitern Sie Ihren Aktionsradius, indem Sie Ihre Arme bewusst in alle Richtungen ausbreiten und mit Überzeugung sagen: „Das alles ist mein Raum." Folgen Sie mit Ihrem Blick bewusst Ihren Armen. Nun variieren und experimentieren Sie. Sie nehmen sich den Raum, der Ihnen zusteht. Nun stampfen Sie mit dem rechten und linken Fuß abwechselnd in den Boden, spüren den intensiven Bodenkontakt und wiederholen langsam und mit Überzeugung: „Das ist mein Raum." Spüren Sie, wie sich Ihre Energie erweitert. Das funktioniert wunderbar, und in meinen Seminaren gibt es nach dieser Übung bereits große Veränderung in der Präsenz der Teilnehmerinnen. Erobern Sie sich Ihren Raum, den Sie benötigen und der Ihnen zusteht. Geben Sie sich die Erlaubnis. Sie können diese Übung ab nun täglich machen und werden bereits nach kurzer Zeit an sich selbst und an den Reaktionen Ihrer Mitmenschen eine positive Veränderung feststellen.

Wirkung dieser Übung: Das Eigengespür, Ihre Energie- und Ihr Atemfluss werden aktiviert, der Handlungsspielraum erweitert, die Augen strahlend, die Stimme wird bestimmter und fester.

Reaktionen: Sie fühlen sich selbstbewusst und präsent und werden auch so wahrgenommen. Menschen hören Ihnen interessierter zu.

Diese Übung ist die Grundvoraussetzung für jede Führungskraft, für Eltern, Lehrer, Schüler und alle Menschen, die mit Menschen zu tun haben.

Eine Übung für alle, die sich mehr Raum im Leben erobern und sich weiterentwickeln wollen!

Sie sehen, wenn Sie sich selbst Raum geben, gibt es keine Unterscheidungen mehr. Ein Mensch ist ein Mensch ist ein Mensch, mit all seinen Bedürfnissen. Egal, in welcher Führungs- oder „Nichtführungsebene". Da gibt es keine Unterschiede. Diese Frage stellt sich hier nicht mehr.

Wer mit anderen in Augenhöhe kommuniziert, wird von seiner Umwelt auch so wahrgenommen und respektiert. So werden Hierarchien unmöglich.

Selbstbewusst in die Aufrichtung
Ich halte sehr viele Seminare zum Thema „Haltung und Authentizität" in Krankenhäusern. Eines Tages kam eine Krankenschwester mit einem besonderen Anliegen zu mir. Sie erzählte mir von einem Oberarzt, mit dem sie ihre Morgenbesprechungen hatte. Bei der täglichen Begegnung behandelte sie der Vorgesetzte sehr geringschätzig und genervt, und sie hatte bereits Stunden vor der unumgänglichen Begegnung Angstzustände. Ihr Selbstwert sank auf „unter null" und ihre Opferhaltung verstärkte sich immer mehr. Sie konnte kaum noch atmen, hielt keinen Blickkontakt mehr aus und sank in sich zusammen, bevor sie ein Wort sagte. Mit dieser Haltung und daraus folgender weinerlicher Stimme begegnete sie ihrem Chef.

Wir spielten das Szenario durch, indem ein Teilnehmer die Rolle des Arztes übernahm. Überraschenderweise reagierte er beinahe genau so, wie es die Krankenschwester beschrieb, obwohl er gar nicht so ein Typ Mensch sei, wie er sagte. Er empfand die Haltung der Krankenschwester als unerträglich, und dies provozierte ihn dermaßen, dass er nicht anders als unfreundlich auf sie reagieren konnte. Die anderen Teilnehmer waren erstaunt, als sie dies sahen, weil sie von dem Krankenpfleger eine völlig andere, freundlichere Reaktion erwartet hatten. „So arrogant kenne ich ihn nicht", sagte eine Kollegin. Wir wechselten die Rollen, indem die Krankenschwester die Rolle ihres Vorgesetzten und der Krankenpfleger ihren Part übernahm. Erstaunlicherweise reagierte auch „das Opfer" sehr unfreundlich, was sie selbst verwunderte. Sie sagte, sie könne gar keine andere Reaktion zeigen. Nun brachen wir das Rollenspiel ab und gingen alle ein paar Runden im Raum, erdeten uns und arbeiteten an der

Aufrichtung und dem Blickkontakt. Zur Stärkung des Selbstbewusstseins stampften wir ein paar Mal in den Boden und erdeten uns erneut. Dann wiederholten wir die Szene.

Der Oberarzt kam, und die Krankenschwester ging aufrecht auf ihn zu, blieb stehen und begrüßte ihn freundlich, indem sie ihm in die Augen sah. Der fiktive Vorgesetzte blieb verwundert stehen und hörte ihr zu, und das Gespräch nahm eine erfreuliche Wendung. Es fand eine wertschätzende Kommunikation in Augenhöhe statt, was höchstes Erstaunen in den Beteiligten als auch den Zusehern hervorrief.

Das war kein Schauspiel, das war eine authentische Reaktion!

Das Rollenspiel bewirkte, dass die Krankenschwester die selbst gewählte „Opferhaltung" aufgab, sich aufrichtete, was ihrer Stimme Festigkeit verlieh, daher war eine herablassende, entwürdigende Reaktion nicht mehr möglich, berichtete uns der Krankenpfleger erstaunt.

Am Ende des Seminars versprach mir die Krankenschwester, diese Erfahrung am nächsten Tag sofort umzusetzen. Ich bat sie, mir darüber zu berichten, ob sich etwas veränderte. Ein paar Tage später schrieb sie mir in einem begeisterten E-Mail, dass bereits die erste Begegnung nach dem Seminar zu 100 Prozent anders verlaufen war. Mehr als positiv. Ihr Chef begegnete ihr, zuerst völlig überrascht, hielt inne und hörte ihr mit interessierter Miene und freundlichem Gesicht zu. Die Morgenbesprechung war eine so positive Erfahrung, die sie ab nun in ihr weiteres Leben integrieren werde. Die Krankenschwester besuchte bei mir ein weiteres Seminar, das ungefähr ein Jahr später stattfand. Ich begegnete einer völlig anderen Frau, die ihr Leben in die Hand genommen hatte und dementsprechend selbstbewusst und strahlend aussah. Sie erzählte, dass sich alles verändert hatte und sie nun selbstbestimmt ihr Leben meisterte. Und das ohne große Worte und Erklärungen. Sie hatte sich über die Erdung und Aufrichtung die Fehlinformation aus dem Körper genommen, und nun stand ihr die Welt offen. Eine Welt der neuen Optionen.

„Es ist nicht genug, zu wissen, man muss auch anwenden. Es ist nicht genug zu wollen, man muss auch tun." (J. W. v. Goethe, Werke Hamburger Ausgabe Bd. 8, Romane und Novellen)

WIE Sie im Leben stehen, entscheiden SIE!

Angst vor Fehlern, meist vor der eigenen Fehlbarkeit, der Perfektion, den eigenen Qualitätsansprüchen nicht gerecht zu werden, ist Thema in sämtlichen Berufs- und Altersgruppen. Dies ist unabhängig vom akademischen Grad, der beruflichen Position, im Mitarbeiter- oder Führungskräftebereich (Gesellschaft der Richtigmacher in „Haltung fertig los").

In sämtlichen beruflichen Positionen herrscht die Angst gegenüber der eigenen Fehlbarkeit.

Diese Erkenntnis war für mich erstaunlich. Umso schöner ist die Erfahrung, dass Menschen, die fernab der kognitiven beruflichen Inhalte mit sich selbst konfrontiert sind, plötzlich bewusst zu atmen und zu lachen beginnen. Teams nehmen sich bewusster wahr, sehen sich in die Augen, beginnen zu lachen und lernen sich besser zu verstehen. Es ist wie ein Neubeginn, der alles verändert. Festgefahrene Situationen lösen sich auf.

Es wird menschlich!

Gestehen wir uns doch ein, dass Perfektion so gut wie unerreichbar ist, solange Menschen im Spiel sind. Ein Unsicherheitsfaktor ist immer dabei. Lernen Sie, dies auszuhalten, und gehen Sie in Ihr Urvertrauen. Unsicherheiten und nicht hundertprozentig vorhersehbare Verläufe bergen ein großes Kreativitäts- und Innovationspotenzial in sich! Genau in diesen Phasen wurden und werden oft große Entdeckungen gemacht. Und Fehler bergen ja ein großes Potenzial in sich! Betrachten Sie's mal von dieser Seite. Das Interessante ist, dass allein diese Gedanken und der neutrale Zugang auf Situationen Spannungen entkräften und Fehler minimieren, anders als in der „Drucksituation".

Das Thema „Mobbing" tritt ja sehr häufig in Schul- und Bildungsbetrieben auf, viele Schüler leiden darunter, dass sie von ihren Mitschülern aus der Klassengemeinschaft aus diversen Gründen ausgeschlossen werden. Ich kann mich sehr gut an meine Schulzeit erinnern, als ich mich auch sehr lange als Außenseiterin fühlte. Im Nachhinein gesehen ist mir vollkommen klar, dass ich einiges dazu beigetragen habe, den Rest haben die anderen erledigt. Es ist immer eine Folge von Aktion und Reaktion. Als aktuelles Beispiel erzähle ich Ihnen die Geschichte von Elisabeth, einer 13-jährigen Schülerin, die mit ihrer Mutter zu mir kam.

Mobbing im Klassenzimmer

Das Mädchen wurde seit dem ersten Gymnasium von den Mitschülern ihrer Klasse ausgeschlossen, gehänselt, gequält und ignoriert. Sie war mittlerweile so verzweifelt, dass sie den Unterricht nicht mehr besuchen wollte. Eva war in sich zusammengesunken, und ihre Augen starrten in den Boden. Sie atmete sehr oberflächlich, und ihre ganze Erscheinung war ein Bild des Jammers, ein Häufchen Elend. Ich bat die Mutter, uns allein zu lassen, und begann mit dem Mädchen zu arbeiten, indem wir uns ein wenig lockerten und danach, wie immer, durch den Raum gingen. Die Gehweise von Eva kann ich nur mit „rückwärts" beschreiben. Die Gangdynamik ging in die Seite, sie wackelte hin und her und der restliche Körper strebte nach rückwärts. Diese Gangart suggerierte ihr die Information der Resignation. Der ganze Körper zeigte einen Widerstand gegen sich selbst und den Rest der Welt. Als ich kurz in diese Körperhaltung hineinging, d. h. ich karikierte sie, verstand ich, dass das Mädchen verzweifelt war. Sofort stellten sich bei mir die Gedanken dieser Haltung ein, die da wären „Ich bin nichts wert, ich kann nichts, ich krieg nichts auf die Reihe, keiner mag mich". Ich streifte diese Haltung ab und wir starteten unsere Haltungsoptimierung.

Zuerst bat ich Eva, den Oberkörper Richtung Boden abzurollen (siehe im Übungsteil unter Schulterlockerung) und den Kopf hängen zu lassen. Anschließend richtete sie sich Wirbel für Wirbel wieder auf. So hatte der Körper die Möglichkeit, sich neu zu positionieren. Das wiederholten wir mehrere Male. Bereits nach dieser Übung stand Eva aufrechter da. Dann zeigte ich ihr die Erdung und die Aufrichtung. Sie ging nun mit einem Impuls und aktiven Armen selbstbestimmt auf ein gewähltes Ziel zu, das sie selbst definierte. Das Mädchen spürte sehr schnell eine Veränderung und in ihrem Gesicht fand sich ein kleines Lächeln ein. Das ist immer wieder interessant, zu sehen, dass die Auflösung von entscheidenden Spannungen ein Lächeln hervorruft, ohne dies bewusst zu aktivieren.

Zu viel Spannung im Körper lässt ein Lächeln verzerrt erscheinen.

Nach dieser ersten Stunde bat ich Eva, diese Übungen in ihren Alltag einzubauen und nach einer Woche wiederzukommen. Bei unserem zweiten Treffen erschien sie bereits weitaus motivierter, und wir arbeiteten an ihrer Beckenblockade, die sie daran hinderte, mit Leichtigkeit loszugehen. Dies erreichten wir mit dem Abrollen über den Vorderfuß und der Beckenschaukel, die dem nach vor gerichteten Becken den Impuls des „Loslassens" gab. Nachdem das Becken locker war, änderte sich die Ausstrahlung von Eva von einem Moment zum nächsten. Sie begann zu lachen, schüttelte sich, ihre Augen strahlten. Während des Gehens stellte sich eine Leichtigkeit ein und Eva wirkte sehr selbstbewusst und bestimmt. Das bewusste Fußabrollen verstärkte diesen Effekt, und so wurde sie in Mimik und Körpersprache automatisch lebendiger und beweglicher. Sie spürte sich im ganzen Körper und atmete tief. Ich bat Eva, sich im Spiegel zu betrachten, was ein ungläubiges Staunen in ihr hervorrief.

Ein Moment der Befreiung!

Nun lag es an der Schülerin, ihr wiedergewonnenes Selbstbewusstsein im Schulalltag umzusetzen.

Nach zwei Wochen rief mich ihre Mutter begeistert an, um mir zu erzählen, dass das Mädchen bereits am nächsten Tag gerne aufgestanden und motiviert in die Schule gegangen war. Bereits nach ein paar Tagen war sie, wie selbstverständlich, in den Klassenverband integriert. Wie von selbst. Ohne Worte!

Ihr wiederentdecktes Körpergefühl gab ihrem Aussehen Lebendigkeit und eine positive Ausstrahlung. Sie verwandelte sich vom Opfer in eine selbstbestimmte Jugendliche. „Mobbing" wurde somit unmöglich.

Ein gut geerdeter und aufgerichteter Mensch kann nicht gemobbt werden.

Die Haltungsoptimierung wirkt bei jungen Menschen sehr schnell, da sie ihren Wurzeln sehr nahe sind. Der Körper erkennt die Impulse sofort wieder, somit tritt das Körpergedächtnis in Kraft.

Diese soeben erzählten Beispiele aus meiner Seminarpraxis kommen sehr häufig vor.

Ich will Ihnen damit vergegenwärtigen, dass wir selbst die Wahl haben, wie wir im Leben stehen und von außen wahrgenommen werden. Das kann uns keiner abnehmen.

Wenn Sie Ihre Opferrolle lieben, dann leben Sie sie. Wenn nicht, ändern Sie Ihre Situation, indem Sie sich ändern und aus der gewählten Rolle aussteigen. Das Schöne daran ist, dass eine Haltungsoptimierung nichts mit Manipulation zu tun hat. Die Erdung ist ein natürlicher Zustand des Körpers, der unsere innere Mitte und unsere Balance stärkt. Aus diesem neutralen Grundzustand kann sich jede Persönlichkeit auf individuelle Art entfalten. Jede Spannungshaltung verhindert einen Teil unserer Persönlichkeit, deshalb wird unser Leben um ein großes Potenzial eingekürzt. Wir alle haben sämtliche Emotionen in uns, also greifen Sie in den Farbtopf Ihrer Persönlichkeit und malen Sie ein Bild der Überraschung, kreativ und mit Freude. Haben Sie Mut zur Veränderung. Spielen Sie keine Rolle! Das sollen andere tun.

Die Entscheidung, ein zufriedenes Leben zu führen, liegt bei uns.

Haltungsoptimierung in der Unternehmenskultur

„Ohne Begeisterung rostet das Gehirn. Es ist keine Entwicklung möglich. Nicht gegeneinander, sondern miteinander. Gemeinsam mit anderen über sich hinauswachsen."

Ich arbeite mit vielen Wirtschafts- und Bildungsunternehmen längerfristig zusammen, um den Mitarbeitern „Soft Skills" wie Haltung, Atem, Stimme und Humor als Lebenskraft näherzubringen.

Auswirkungen auf die Unternehmenskultur: kein „Mobbing" mehr, weniger Krankenstände, kreative Lösungsvorschläge, mutige Entscheidungen, Humor am Arbeitsplatz, große Motivation, eigene Ideen werden entwickelt, wertschätzender Umgang im Team.

Tipps für Führungskräfte im Umgang mit unsicheren Menschen

Wie Sie bereits wissen, löst eine Aktion von Ihnen eine Reaktion im Gegenüber aus. Und das passiert bereits, ohne dass Sie ein Wort gesprochen haben. Wir neigen dazu, die Haltung des Gegenübers aufzunehmen und unbewusst zu spiegeln. Das erledigen unsere Spiegelneuronen zuverlässig. Dies ist nicht immer förderlich für die Situation und lenkt manche Gespräche in eine ungünstige Richtung.

Ich mache Ihnen einen Vorschlag.

Bevor Sie ein Mitarbeitergespräch haben, streichen Sie sich die Vorbehalte gegen diese Person ab. Diese Übung finden Sie im Übungsteil.

Flattern Sie mit den Lippen, achten Sie auf eine gute Erdung und gehen

Sie mit einem Impuls und neutraler Grundhaltung in die Besprechung. Die neutrale Haltung ist ohne persönliche Bewertung und lässt Freiraum. Übernehmen Sie nicht die Haltung Ihres Gegenübers, sondern bleiben Sie geerdet und atmen Sie. Meist löst dieses „Entgegenkommen" schon einiges an Spannung auf, und Sie sind aus der Interpretationsebene herausgegangen und bieten Ihrem Mitarbeiter oder Vorgesetzten die Möglichkeit, sich von einer anderen Seite zu zeigen. Es gibt nicht nur eine Ausdrucksmöglichkeit, sondern unendlich viele.

Beobachten Sie, was passiert.

In der wertfreien Haltung werden ungeahnte Variationen der Gesprächsführung möglich. So entstehen Freiheit und Kreativität. Es wird geatmet und gelacht.

Probieren Sie's aus! Im Sinne einer menschlichen Unternehmenskultur!

Ein entspannter Vorgesetzter ist die beste Motivation für Unternehmen jeglicher Art, und das überträgt sich auf die Mitarbeiter und ihre Arbeitsmotivation.

Ein gutes Gefühl!

Wie führen Sie? Das Chormodell

„Die Meisterung seiner selbst ist die Voraussetzung für die Meisterung des Lebens."

Hinterfragen Sie immer wieder Ihre Gewohnheiten im Hinblick auf Ihre persönliche Freiheit. Das Leben ist immer eine Reaktion auf Sie und Ihre Handlungsweise, die Sie über den Körper ausdrücken. Umso mehr verwundert es, wie wenig wir darüber wissen, was wir ausstrahlen und damit bewirken. Wenn Sie in einer führenden Position sind und mit der Leistung Ihres Teams unzufrieden sind, ist das immer eine Reaktion auf Ihren Führungsstil. Wenn Sie klar in Ihrer Erscheinung und Ihren Worten sind, dann wird Ihr Team verstehen, was es zu tun hat. Das erzeugt Vertrauen und ist die Grundvoraussetzung für jegliches Handeln und zieht Professionalität nach sich.

Bevor Sie über Situationen und Menschen urteilen, bringen Sie sich selbst in Ordnung. Das ist das Fundament für Ihren Erfolg. Wie kommen Ihre Mitarbeiter dazu, Ihre persönlichen Launen ertragen zu müssen? Das hat sich niemand verdient.

Wenn Sie wackeln, dann wackelt alles. Wenn Sie mürrisch sind, erhalten Sie dieselbe Reaktion. Stehen Sie jedoch geerdet und freundlich im Leben, dann wird Ihr Team mit viel Motivation und Freude arbeiten.

Sind Sie jedoch nicht bereit, Ihren Kommunikationsstil zu verändern, indem Sie lockerer werden, wiederholen sich dieselben Situationen und Konflikte immer wieder.

Es liegt an Ihnen. Die täglichen Geschichten, die Sie erleben, sind eine Resonanz auf Ihre Haltung.

Ist Ihr Leben vorhersehbar und überraschungsfrei?

Lieben Sie die Veränderung oder ist es eine Bedrohung? Halten Sie an bewährten Routinen fest, weil es immer so gemacht wurde?

Eine Studie mit erfolgreichen Menschen zeigte, dass diese Mut bewiesen, indem sie nichts so taten wie alle anderen. Sie beschritten neue Wege, natürlich auch mit der Option, dass ihre Ideen scheitern können. Sie setzten ihre Vorstellungen um, indem sie sich von bewährten Strategien verabschiedeten und den Markt mit Unerwartetem konfrontierten und neue, ungewöhnliche Herangehensweisen vorstellten und umsetzten. Dies brachte ihnen große Aufmerksamkeit und viel Erfolg. Das erfordert Mut und Selbstvertrauen. Kreativität macht sich meist bezahlt, birgt aber auch die Option des Scheiterns in sich.

Sie können entscheiden, wie Sie Ihrem Leben, Ihrer Partnerin bzw. Ihrem Partner, Ihren Kindern, Arbeitskolleginnen bzw. täglichen Herausforderungen begegnen.

Steigen Sie aus Ihrer Gewohnheitshaltung aus, erfinden Sie sich neu und entdecken Sie neue Seiten an Ihrer Partnerin, ihrem Partner, Ihren Arbeitskollegen und im Freundeskreis. Unzählige Erfahrungen aus meiner Praxis zeigen, dass dies möglich ist. Über Ihre Haltung. Überraschen Sie sich und andere, so wird Ihr Leben zu einem Abenteuer.

Eine gute Möglichkeit, Führungsverhalten transparent zu machen, ist das Chormodell, das ich in dieser Form entwickelt habe. Entstanden ist es aus meiner Coachingarbeit mit Chören.

An der Arbeit mit Chören sieht man wunderbar, wie Führungsverhalten funktioniert. Der Chorleiter bestimmt die Qualität des Vortrags durch seine Haltung. Das wollen viele natürlich nicht hören und finden für das „Nichtfunktionieren" die kreativsten Gründe, meist denken sie aber nicht darüber nach, dass der Chor eine Reaktion auf ihre Führung ist. Dementsprechend klingt der Gesang.

Eines Tages wurde ich von einer Chorfunktionärin verzweifelt kontaktiert, da sie nicht verstand, warum die Reaktion des Publikums auf den Chor bei öffentlichen Auftritten so bescheiden war. Sie erzählte, dass viele schöne Stimmen dabei waren und dass es wohl an ihrem Auftritt liegen müsse, dass sie so wenig Applaus bekamen. So bat mich die Dame, ein paar Stunden mit ihnen zu arbeiten. Als ich mich im Probesaal des Chores einfand, stellte ich mich kurz vor und bat die Sängerinnen und Sänger, auf die Bühne zu treten, so wie sie es immer bei Auftritten taten. Zum Schluss trat der Chorleiter auf. Bereits der Auftritt der Chormitglieder war ein Fiasko, da niemandem bewusst war, dass die Bühne ein öffentlicher Ort ist. Sie traten auf wie auf dem Weg zum Kaffeeklatsch, sprachen und lachten miteinander, manche blickten zu Boden, andere wiederum schauten sehr ernst und unfreundlich. Erst in der Mitte der Bühne nahmen sie eine präsente Haltung ein. Ich fragte nach, ob sie bei öffentlichen Auftritten auch so die Bühne betraten. Sie bejahten dies und schauten mich verwundert an. Ich erklärte ihnen, dass ein Auftritt keine Privatveranstaltung sei und somit die bewusste Körperhaltung und Mimik Professionalität verlangten. Beim zweiten Auftritt kamen alle aufgerichteter und konzentrierter. Sie stellten sich in der Mitte der Bühne auf und warteten in erwartungsvoller Gesangshaltung auf ihren Chorleiter. Nun bat ich ihn aufzutreten. Ein spannungsloser, missmutig dreinsehender Mann mittleren Alters betrat die Bühne, schlurfte in die Mitte und stellte sich energielos vor den Chor. Ich glaubte, meinen Augen nicht zu trauen. Nun wies ich den Chorleiter an, ein Lied zu dirigieren. Der Chor begann mit dem Vortrag und der Dirigent leitete das Lied motivationslos an. Da der Anfangsimpuls nicht sehr exakt gesetzt war, setzten die Stimmen unsicher und verzögert ein. So begann der Vortrag mehr als wackelig. Die Taktgebung des Chorleiters war undefiniert und verschwommen, Körper und Gesicht ebenso. Das Lied, das bis auf die Anfangsschwierigkeiten sehr schön vorgetragen wurde, verlor im Laufe des Vortrags an Dynamik, die Stimmen wurden energielos und die Körperhaltungen der Sängerinnen und Sänger sackten nach unten. Am Ende des Vortrags standen alle da wie der Chorleiter, ohne dies bewusst zu realisieren. Sie waren zu Kopien geworden, und der Großteil der Gruppe hatte seine energielose Haltung übernommen. Das geht gar nicht anders, wenn man nicht weiß, wie man sich dagegen wehren kann.

Dass dies nicht unbedingt applausfördernd ist, kann man sich vorstellen. Diese Erfahrung war für mich in meiner gesamten Arbeit mit Führungskräften sehr wichtig, da diese Geschichte sehr viel erklärt.

Die Person, die führt, gibt Dynamik, Motivation, Eigenständigkeit und Vertrauen vor. Wenn dies nicht der Fall ist, so wird man das an den Ergebnissen erkennen.

Nun zu Ihnen: Wenn Sie in einer Führungsposition sind oder mit vielen Mitarbeitern und Kollegen zu tun haben, arbeiten Sie bitte an Ihrer Haltung. Ihre täglichen Aufgaben gleichen dem Auftritt auf einer Bühne mit dem Unterschied, dass Sie keine Rolle zu spielen haben, sondern Sie selbst sind. Stehen Sie zu sich und Ihren Entscheidungen, achten Sie auf Reaktionen Ihres Umfelds und entscheiden Sie sich dafür, dass es jederzeit möglich ist, sich neu zu positionieren. Sie bekommen mit Sicherheit den Dank dafür und arbeiten mit einem motivierten, erfolgreichen Team. Bringen Sie Ihre Aufgabenstellungen und Veränderungen geerdet vor.

Wenn Sie aufgerichtet und überzeugt sind, werden es auch alle anderen sein, und Sie werden nicht viele Erklärungen benötigen, da Ihnen geglaubt wird.

Neutralisieren gibt jeder Situation eine Chance!

Eine ausbalancierte Persönlichkeit ist die beste Grundlage für ein gut funktionierendes Unternehmen!

Das Chormodell funktioniert natürlich nicht nur für Führungskräfte, sondern für jeden Menschen, der mit anderen Menschen zu tun hat, also für jeden.

Wie klingt Ihr Unternehmen?

Wie klingen Familie und Kinder?

Sind die Noten, die Sie singen, voller Freude und Energie, chaotisch, falsch oder monoton? Versuchen Sie sich zu vergegenwärtigen, ob die Performance, die Sie initiieren, zufriedenstellend ist. Es sollte Ihnen bewusst sein, dass Ihre Haltung die Basis für das Gelingen Ihrer Unternehmungen ist.

Gehen Sie neutral in Besprechungen.

Lassen Sie Ihren privaten oder beruflichen Ärger, der mit der momentanen Situation nichts zu tun hat, vor der Tür. Geben Sie jeder Begegnung eine Chance! Das hat viel mit bewusstem Handeln zu tun.

Unsere authentische Haltung ist der Ausgangspunkt für ein glückliches Leben.

Ich zeige Ihnen nun anhand eines normalen Tagesablaufs, wie Sie neutral und wertschätzend mit Ihren Mitmenschen umgehen können.

Tipps für optimale Haltung im Alltag

Wenn Sie morgens aufstehen, erden Sie sich sofort, indem Sie zuerst auf den Fersen, dann auf den Vorderfüßen, Innen- und Außenkanten im Wechsel in Ihr Badezimmer gehen.

Dort bleiben Sie bewusst stehen und erden sich.

Danach sehen Sie sich im Spiegel an, schneiden ein paar Grimassen und lächeln sich anschließend zu. Verrichten Sie Ihre morgendlichen Geschäfte.

Bevor Sie Ihr Heim verlassen, erden Sie sich erneut, indem Sie bewusst den Boden spüren, wischen Sie sich alle Befürchtungen und Ängste weg und gehen Sie mit dem Impuls „Ich gehe" los.

Auf dem Weg zu Ihrem Auto oder zur U-Bahn rollen Sie Ihre Füße von den Fersen bis über den Vorderfuß ab und genießen Sie Ihre Schritte.

Ziehen Sie die Mundwinkel hoch und fahren oder gehen Sie in Ihre Arbeit. Nutzen Sie den Weg für Ihre Motivation und Inspiration.

Bevor Sie sich in den beruflichen Alltag stürzen, kommen Sie zuerst an, atmen Sie ein paar Mal ein und aus, und dann widmen Sie sich Ihren Aufgaben.

Wenn schwierige Gespräche stattfinden und Konflikte zu lösen sind etc., erden Sie sich (das geht ganz unauffällig), atmen Sie aus, und dann beginnen Sie zu sprechen.

„Klugheit ist die Kunst, zu erkennen, was man übersehen muss." (William James)

Achten Sie darauf, dass Sie gerade stehen und dem Gegenüber in die Augen blicken.

Machen Sie Pausen, so können Sie die Situation wirken lassen und in Ruhe nachdenken. Wenn Sie schwierige Dinge aussprechen müssen, bleiben Sie neutral und entspannt.

Ein arabisches Sprichwort sagt, dass jedes unserer Worte durch drei Pforten gehen sollte, ehe wir es aussprechen.

Am 1. Tor fragt der Pförtner: „Ist es wahr?"
Am 2. Tor: „Ist es notwendig?"
Am 3. Tor: „Ist es freundlich?"

„Ein Meister des Wortes spricht nur das Wesentliche, und das perfekt in der Emotion, der Stimmlage, der Wortwahl. Ein Meister des Wortes ist gleichzeitig Meister des Zuhörens und des Schweigens." (Buch von der Stimme)

Nach einer Konfliktsituation wischen Sie sich die negative Energie vom Körper mit bekanntem Ritual weg und erden Sie sich erneut, so vermeiden Sie, dies auf die nächste Person, mit der Sie zu tun haben, zu übertragen. Denn die kann nichts dafür. Meist tragen wir Spannungen aus Situationen weiter, und dann wiederholen sich die Konflikte über den ganzen Tag.

Probieren Sie dies aus. Es ist überhaupt nicht aufwendig, wenn Sie sich diese kleinen Rituale zu Ihrer täglichen Gewohnheit machen. Und, keine Angst, diese Gewohnheit ist variabel und gibt Ihrem Leben eine erfreuliche Entwicklung.

Ich habe die besten Erfahrungen damit, und so können Sie, ohne großen Aufwand, negativ geprägte Kommunikationsmuster auflösen. Dazu benötigen Sie keine Worte, Ihr Körper unterstützt Sie dabei. Ihr Körper ist Ihr zuverlässiger Partner!

Spaziergang in Ihre Musikalität

Sie haben nun viel über Chöre und Sänger gesprochen. Ich biete Ihnen nun einen Spaziergang an, bei dem Sie Ihren Körper zum Klingen bringen.

Denken Sie kurz nach, was Ihre Lieblingsmelodie oder Ihr Lieblingssong ist, und versuchen Sie sich diesen zu vergegenwärtigen.

Nach der üblichen Vorbereitung, die ich Ihnen nicht mehr erklären muss, da Sie ja inzwischen schon kleine „Haltungsexperten" sind, gehen Sie bitte los.

Heute gehen Sie Ihr Lieblingslied. Stimmen Sie sich mit mmmmmmmm ein und denken Sie einfach nur an das Lied. Dann gehen Sie Ihr Lied, jede Note ist ein Schritt. Das erfordert, dass Sie Ihr Tempo wechseln, mal schneller und mal langsamer gehen. Bei den Pausen bleiben Sie stehen. Dann setzen Sie Ihren Spaziergang fort und dürfen natürlich auch hüpfen. Wenn Sie Ihr Lied fertig gegangen sind, halten Sie an und schließen Sie Ihre Augen. Spüren Sie den Boden und lassen Sie Ihre Melodie ausklingen. Nun schlendern Sie weiter und hören auf die Geräusche, die Sie in der Natur hören. Lauschen Sie bewusst dem Zwitschern der Vögel, dem Zirpen der Grillen oder dem Rauschen des Wassers. Ihrer Fantasie sind keine Grenzen gesetzt.

Dieser Spaziergang macht frei und erhöht Ihre persönliche Ausdruckskraft. Gleichzeitig wird die Konzentration geschärft und der Humor aktiviert.

Geschichte am Bach – Die Melodie des Wassers

Ich habe den Geräuschen des Baches gelauscht. Mal rauscht das Wasser laut und mächtig, dann flüstert es geheimnisvoll, fast still, um dann wieder fröhlich plätschernd seinen Lauf fortzusetzen.

Selbstbestimmt in hierarchischen Systemen

Immer wieder werde ich während meiner Workshops mit der Frage konfrontiert, ob eine selbstbestimme Handlungsweise in einem Unternehmen überhaupt geduldet wird bzw. umsetzbar ist.

Ich sage mit voller Überzeugung: „Ja."

Es ist erwünscht, wenn wir die Neutralität als Handlungsbasis nutzen. Da wir jedoch häufig wegen unterdrückter Gefühlsregungen unter Spannung stehen, sind unsere Reaktionen manchmal zu emotional und übertrieben. Wir übertragen unsere aufgestaute Spannung in die Gesprächssituation, daher schleichen sich ungewünschte nonverbale Begleiterscheinungen, wie vorwurfsvolle Blicke, unzufriedene, beleidigte Mimik etc., in unsere Ausführungen ein, ohne dass wir darüber Bescheid wissen. Das sind nonverbale Signale, die wir aussenden und die das Gesagte unglaubwürdig erscheinen lassen. Spannungssituationen werden durch unterdrückte Vorwürfe verschärft. Da Sie es jedoch gelernt haben, Ihre Bedürfnisse und Meinungen neutral und gut geerdet vorzutragen, bleibt dem Gegenüber gar nichts anderes übrig, als Ihnen zuzuhören und Sie ernst zu nehmen. Wenn Sie dann noch einen guten Blickkontakt pflegen und Pausen zwischen Ihren Sätzen machen, dann erreicht das Ihren Gesprächspartner.

Das ist wertschätzende Kommunikation auf Augenhöhe, die jede Gesprächssituation verdient. Streichen Sie das Wort „Hierarchie" aus Ihrem Sprachschatz, dann wird es sie auch nicht geben. Wenn Sie von sich aus keine Änderung einer wertschätzenden Begegnungskultur einfordern, werden Ihnen das die wenigsten von sich aus anbieten.

Nehmen Sie sich das Recht, eine Meinung zu haben, die gehört werden will. Und sagen Sie Ihre Meinung. Fürchten Sie sich nicht vor den Reaktionen. Die sind meist positiv.

Sie werden es nicht schaffen, ein hierarchisches System zu verändern, indem Sie Personen verändern wollen. Das ist auch nicht Ihr Recht. Sie selbst haben die Chance, sich innerhalb einer Struktur neu und eigenständig zu positionieren. Das funktioniert erstaunlich gut, wie ich von vielen meiner Seminarteilnehmer höre. Das Bespiel der Krankenschwester zeigt, dass eine scheinbar ausweglose Situation jederzeit geändert werden kann.

Machen Sie nicht den Fehler, Ihre Vorgesetzten oder Kollegen verändern zu wollen. Da sind Sie auf verlorenem Posten. Verändern Sie Ihre Haltung! So greifen Sie nicht in die Handlungsweise anderer Menschen ein, sondern präsentieren sich als selbstbewusstes Gegenüber mit eigener Meinung. So werden Sie ernst genommen und finden mehr Befriedigung im Beruf, Freundeskreis und in der Familie. Das ist eine weitaus elegantere Lösung.

Bevor Sie zu einer Besprechung gehen, wischen Sie sich alle negativen Gedanken weg, flattern Sie mit den Lippen, erden Sie sich und gehen Sie mit dem Impuls los: „Ich gehe und meistere die Situation bestmöglich." Während Sie zur Besprechung gehen, rollen Sie entschlossen Ihre Füße von der Ferse bis über die Zehen ab und flattern Sie mit den Lippen. Das entspannt. So können Sie spannungsfrei in die bevorstehende Besprechung gehen.

Wenn Sie den Raum betreten, grüßen Sie freundlich und kommen Sie zuerst einmal an. Beginnen Sie nicht sofort zu sprechen, atmen Sie aus, und warten Sie ab, was auf Sie zukommt. Hören Sie gut zu. Wenn das Gegenüber sehr verschlossen ist, bemühen Sie sich, aufgerichtet zu bleiben und die Füße gut geerdet auf dem Boden zu lassen (funktioniert auch im Sitzen). Nehmen Sie nicht die Spannung des Gegenübers auf, sondern atmen Sie bewusst weiter, hören Sie zu und antworten Sie.

Rechtfertigung macht schwach

Wenn Sie Fehler gemacht haben und Sie zur Verantwortung gezogen werden, rechtfertigen Sie sich nicht. Geben Sie Ihre Fehler zu, wenn der Vorwurf gerechtfertigt ist, und bieten Sie eine Lösung an. Ellenlange Erklärungsversuche erzeugen Aggressionen im Gegenüber und sind der lösungsorientierten Kommunikation nicht sehr zuträglich. Meist reagiert der Gesprächspartner sehr überrascht wegen Ihrer Offenheit. Bieten Sie Lösungsansätze und zeigen Sie Motivation. Wichtig ist, dass Sie in dieser Besprechung immer mit den Füßen auf dem Boden bleiben. Sie sind dann in Ihrer Konzentration, und es entsteht kein nervöses Zappeln oder Gesichtszucken etc. Ihre Stimme bleibt kräftig und klar. Sollte der Vorwurf ungerechtfertigt sein, dann sagen Sie dies klar und deutlich. Bleiben Sie bei sich, argumentieren Sie wie ein erwachsener Mensch!

Das funktioniert wunderbar.

Wie wär's mit „Going" statt „Meeting"?

Wie viele „Meetings" haben Sie pro Woche und wie sehen die aus?

Meist finden die „Meetings" sitzend in Sitzungsräumen statt. Die Teilnehmer platzieren sich hinter Tischen und Laptops und nehmen teilweise wenig Kontakt miteinander auf, da die räumliche Situation dies unmöglich macht. So werden die Inhalte besprochen, kurz über den Computer geschaut, und Blickkontakt unter den Beteiligten findet kaum statt. Wenn es darum geht, neue Konzepte und Ideen vorzustellen, wird dies über große Distanzen, meist mit einer langweiligen Powerpoint-Präsentation, die eh schon keiner mehr sehen will, erklärt. Die Zuhörenden haben aufgrund ihrer beengten Sitzposition wenig körperliche Flexibilität, die sie durch übereinandergeschlagene Beine weiter einengen. Dies ist keine optimale Ausgangsposition, um Aufmerksamkeit, geschweige kreative Lösungen zu finden. Es führt eher zu einer blockierten Atmung und zu Verspannungen.

Ändern Sie dies!

Seien Sie mutig!

Ersetzen Sie ein „Meeting" durch ein „Going"!

Flanieren Sie mit Ihren Mitarbeitern eine Runde durch den Park und besprechen Sie, was zu besprechen ist. Wechseln Sie während des Gehens Ihre Gesprächspartner. Sie werden staunen, welch konstruktive Ergebnisse Sie bei solchen kleinen Ausflügen erhalten werden, inklusive Mitarbeitermotivation und Gesundheitsförderung. Sie lassen die abgestandene Büroluft als auch die üblichen „eingesessenen" Reaktions- und Lösungsmuster hinter sich. Going entspannt und lässt Sie kreativ und lachend Ihren Weg finden. Wie Sie wissen, haben das die Peripatetiker bereits getan.

Tun Sie es Ihnen gleich!

Sie kehren mit den Kollegen bzw. Mitarbeitern gut gelaunt ins Büro zurück mit dem Effekt, aus den täglichen Routinen ausgestiegen zu sein. Sie haben gehend Lösungen besprochen und gleichzeitig bewusst etwas für Ihre Gesundheit getan.

Das nennt man Effizienz während der Arbeit.
Gehend und lachend Lösungen finden! Aktiv, leicht und locker. Die idealen Zutaten für gut funktionierende Teams.

So können Sie aus Stresssituationen aussteigen, und das kostet weder Zeit noch Geld!

Das ist Stressprävention pur!

Im Gegenteil, Sie bauen ein Vertrauensverhältnis zu Ihren Mitarbeitern auf und haben eine wunderbare Gelegenheit, sie von einer neuen Seite kennenzulernen. Angespannte Gesprächssituationen werden aufgelöst, gewohnte Denkmuster verlassen und neue Lösungen aus wechselnden Perspektiven gefunden.

Durch bewusstes Gehen bringen Sie Ihre Projekte in Gang und definieren eine neue Unternehmenskultur!

Genial einfach im Sinne einer kreativen, erfolgreichen und wertschätzenden Unternehmenskultur!

Gehen ist eine Kraftquelle der Inspiration!

Wenn Sie auch noch lachen wollen, dann aktivieren Sie bereits morgens Ihre Gesichtsmuskulatur. Dann lachen Sie häufiger. Oder reicht Ihnen 14 Mal täglich?

Das stellte die Lachforschung (Gelotologie) aufgrund von Studien fest. Reicht das?

Kinder lachen bis zu 400 Mal täglich. Und dies, ohne über die Sinnhaftigkeit nachzudenken und zu bewerten.

Also, aktivieren Sie sich und erhöhen Sie Ihre tägliche Lachration.

Lächeln und blinzeln Sie sich zu, wenn Sie an einem Spiegel vorbeigehen. Das schafft gute Laune, die sich sofort auf Ihre Mitmenschen überträgt.

Ein kleines Experiment
Ziehen Sie die Mundwinkel hoch und lächeln Sie circa 30 Sekunden. Versuchen Sie, über ein schwieriges Problem nachzudenken. Lächelnd. Sie werden bemerken, dass Ihre Gedanken lösungsorientiert sind. Das Gehirn lässt in diesem Modus keine negativen Gedanken zu. Versuchen Sie's!

Umgekehrt funktioniert das natürlich auch. Machen Sie ein ernstes, mürrisches Gesicht und versuchen Sie währenddessen, freundlich zu denken. Geht nicht.

Lachen ist eine Bewegung nach oben! Im wahrsten Sinne des Wortes. Also, wofür entscheiden Sie sich? Es liegt ganz bei Ihnen.

„The Silly Walk" – Spaziergang in die eigene Karikatur

Bereiten Sie sich in bewährter Manier vor, indem Sie Ihre Lippen flattern lassen, ein paar Grimassen schneiden, sich jegliche Vorbehalte wegwischen und sich erden. Spazieren Sie die ersten zehn Minuten, ohne sich etwas Bestimmtes vorzunehmen. Dann lenken Sie Ihr Augenmerk auf Ihren persönlichen Gangstil. Was ist daran besonders? Wackeln Sie hin und her, zieht Ihr Oberkörper nach vor, schlenkern Sie mit einem Arm, ziehen Sie die Schultern hoch? Es ist wichtig, dass Sie einmal ganz genau auf sich schauen, nur dann können Veränderungen vorgenommen werden. Wenn Sie ein paar individuelle Eigenarten entdeckt haben, verstärken Sie diese, indem Sie z. B. noch intensiver mit dem Arm wackeln oder den Kopf noch weiter nach vor strecken, Ihrer persönlichen Art entsprechend. Mit jedem Schritt verwandeln Sie sich mehr in Ihre eigene Karikatur. Wenn Sie Familie und Kinder haben, probieren Sie dies bei einem gemeinsamen Ausflug aus. Die gute Laune und der Lacherfolg sind Ihnen sicher. Übertreiben Sie Ihre Haltung bis ins Groteske. Wenn Sie dies gemacht haben, bleiben Sie stehen und spüren Sie die Auswirkung Ihrer Körperposition. Dann drehen Sie sich in die andere Richtung und neutralisieren Sie sich. Gehen Sie mit einem Impuls los, rollen Sie Ihre Füße dynamisch über die Fersen ab und richten Sie sich auf. So gehen Sie weiter und bleiben nach Belieben stehen. Spüren Sie den Unterschied. Sollten noch Reste der Karikatur vorhanden sein, wischen Sie sich diese weg, atmen Sie ein paar Mal tief durch und gehen Sie aufgerichtet und lächelnd nach Hause zurück. Drehen Sie sich noch einmal um und winken Sie der zurückgelassenen Karikatur zu. Wenn Sie sich einmal wieder allzu ernst nehmen, denken Sie an Ihre eigene Karikatur.

Dieser Spaziergang ist eine wunderbar humorvolle Möglichkeit, großzügiger sich selbst gegenüber zu werden, über sich selbst zu lachen und alte Muster zu verlassen.

Dies erweist sich auch in meinen Seminaren sehr wirkungsvoll, und es wird sehr viel gelacht, da jeder Teilnehmer sieht, dass wir alle unsere Macken haben und uns deshalb nicht zu schämen brauchen.

Jogo de Cintura – Das Beckenspiel

Füße zeigen forsch nach außen,
Becken hat Bewegungspausen.
Schulter vehement und schnittig,
macht dem Fuß Bewegung strittig.
Weg ist nun die Empathie,
ganz schön schade, irgendwie!

Nun kommen wir auf unserem Spaziergang zum Becken, dem Verantwortungsträger für lebendigen Körper- und Stimmausdruck.

Je lockerer und beweglicher Ihr Becken ist, desto lebendiger und fröhlicher sind Sie. Die Variation der Stimme ist gegeben und wir können auf sämtliche Sprechnuancen mühelos zurückgreifen.

Sie lesen richtig, das Becken ist zuständig für Lebensqualität, Lebendigkeit in Handeln und Sprache.

Die Sprachmelodie wird je nach Beweglichkeit locker, lebendig, melodiös, variationsreich oder abgehackt, leiernd und monoton. Auch Ganzkörperspannungen können wunderbar über Optimierung des Bodenkontaktes und Beckenlockerung aufgelöst werden. Für mich ist es immer wieder interessant, zu beobachten, dass das Lösen einer Beckenblockade Lachen auslöst und die Augen zum Strahlen bringt. Das passiert sehr oft und ist wunderschön zu sehen. Es stellt sich im Moment der Lockerung ein Wohlgefühl ein.

Auffallend ist, dass Menschen aus unserem westlichen Kulturkreis vermehrt mit Beckenblockaden und damit verbundenen Bandscheibenproblemen zu kämpfen haben. Das Becken ist oft zu weit nach vor geschoben, es kippt nach hinten oder in die Seite. All dies hat vehemente Auswirkungen auf unsere Wirbelsäulengesundheit und unser Wohlbefinden.

Die Initialzündung für die Beckenhaltung geben wie immer Ihre Füße. In diesem Fall werden die Fersen falsch belastet. Ist der Fersenkontakt zum Boden zu intensiv, verursacht dies einen Stau im Becken, der sich bis ins Kiefergelenk fortsetzt und oft Nackenverspannungen nach sich zieht. Haben Sie hingegen zu wenig Fersenkontakt, wird das Becken blockiert, da es die fehlende Sicherheit zum Boden ersetzen muss. Im Gesicht spiegelt sich dies in einer „Endzeitmimik" wider, d. h. alle Warndetektoren sind auf Alarm geschaltet. Dies bestärkt Ihre Angst, Fehler zu machen. Ihnen fehlt die Sicherheit. Dies sind Zusammenhänge, die ich ständig in meinen Seminaren sehe.

Wir sind nun einmal ganzheitlich!

Stehen Sie zu weit auf den Fersenaußenkanten und zeigen die Fußspitzen nach außen, erhalten Sie wenig Stabilität in Körper und Persönlichkeit, was Sie mit einer weit ausschweifenden Gehdynamik ausgleichen. Der Körpers pendelt in die Seiten und gleicht dies mit vehement wackelnden Schulterbewegungen aus.

Bei Vorträgen, Prüfungen und Gesprächen hat dies zur Folge, dass Sie nicht ruhig stehen können und ständig hin- und herwackeln. Sie nehmen sich somit Ihre Konzentration selbst, und die Zuhörer werden Ihnen nicht lange zuhören, da Ihre Bewegung sie nervös macht und die Informationen in die Seite weggehen.

Wenn Sie sich vom Wahrheitsgehalt meiner Schilderungen überzeugen wollen, testen Sie oben beschriebene Fußstellungen und achten Sie darauf, wie sich Ihr Becken verhält.

Erstaunlicherweise ist der „Beckenstau" in der südlichen Hemisphäre kein Thema. Ich unterhielt mich kürzlich mit einem Bekannten, der schon sehr lange in Bahia, Brasilien, lebt. Wir sprachen darüber, dass die Beckenbewegung der Europäer sehr oft eingeschränkt und blockiert sei. Er erzählte mir, dass das Becken das wichtigste „Kommunikationsinstrument" der Brasilianer sei. Damit werden sämtliche Emotionen ausgedrückt und Verhandlungen intensiviert, was sich sehr gefühlsbetont, authentisch und impulsiv gestaltet. Vor allem sei die Begeisterung für eine „Sache" sehr intensiv zu spüren. Die Brasilianer nennen dies „Jogo de Cintura", was so viel wie „das Beckenspiel" oder „Ich mach's mit dem Becken" bedeutet.

Das Becken wird elegant von links nach rechts geschwenkt, das verleiht der jeweiligen Situation eine gewisse Unbekümmertheit. Die Stimmen klingen laut, kraftvoll und variationsreich.

„Der einzige Nachteil nach diesen begeisterten Besprechungen ist, dass viele der beschlossenen Richtlinien nicht eingehalten werden. Diesbezüglich sind viele Geschäftspartner sehr locker", erläuterte mein Bekannter. Er wisse nie, ob er sich darauf verlassen könne, dass bereits beschlossene Verträge eingehalten werden. Das sei manchmal sehr ärgerlich. Jede Situation hat zwei Seiten.

Links, rechts, links, rechts, dieses Schaukeln gibt dem Gehirn die Information der „Unentschlossenheit". „Mal ja, mal nein, oder vielleicht doch ... oder nicht?" Die Fähigkeit, verlässliche Zusagen zu treffen, wird dadurch geschwächt. Natürlich wird es noch diverse andere Gründe für das Zustande- oder Nichtzustandekommen eines Vertrags geben. Eh klar.

Nun, wie finden wir unsere ideale Beckenposition?

Genau in der Mitte, wie immer.

Ein gut bewegliches, stabiles Becken braucht ein stabiles Fundament als Grundlage. Stehen Sie auf den drei bekannten Punkten: Fersenmitte, Ballen innen und außen. So ist auch das Becken gut verankert, locker und beweglich. Erreichen können Sie dies über eine gute Erdung als auch Beckenübungen, die ich Ihnen im Übungsteil erläutern werde.

Mein Bekannter in Brasilien und ich unterhielten uns noch scherzhaft über die möglichen Ursachen des brasilianischen Beckenspiels. Wir kamen zu der Überzeugung, dass es ja durchaus sein könne, dass die Brasilianer ihr Becken ausbalancieren, da sie ja so nahe am Äquator leben.

Könnte doch sein, oder?

Spaziergang in die Freiheit

Nach diesen Übungen schließen wir unser Beckenabenteuer mit einem kleinen Spaziergang ab.

Gehen Sie in bereits gewohnter Weise los und bewegen Sie bewusst Ihr Becken während des Schlenderns mit. Lassen Sie es sanft schaukeln und genießen Sie den Energiefluss in Ihrem Körper. Schlendern Sie, solange es Ihnen Spaß macht, und genießen Sie die neu gewonnene körperliche Freiheit.

Hier ist Ihre Geschichte

Heute erzähle ich Ihnen keine Geschichte. Sie haben nun die Gelegenheit, Ihre ganz persönlich erlebte Gehgeschichte zu erzählen. Schreiben Sie sie auf oder erzählen Sie einer Person Ihres Vertrauens, was Sie unterwegs entdeckt haben. Schärfen Sie Ihre Beobachtungsfähigkeit! Sie werden ständig Neues entdecken.

....

....

....

....

....

....

....

....

....

....

Stimmbefreiung durch Körpervokale

Langsam, aber sicher nähern wir uns dem Ende unseres gemeinsamen Spaziergangs.

Wenn Sie die bereits erklärten Übungen und Spaziergänge gemacht haben, hatte das bereits eine äußerst positive Auswirkung auf Ihre Stimme. Gute Erdung und ein ausbalancierter aufgerichteter Körper mit sensibilisierter Feinmotorik verbessern den Stimmsitz und auch die Ausdrucksmöglichkeiten des Körpers und der Sprache. Sie erobern Ihre verlorenen Töne, körperlichen und mimischen Variationen zurück. Als Höhepunkt meiner Ausführungen schenke ich Ihnen folgende kleine Reise durch die Körpervokale. Die führt zu einer erfreulichen Steigerung Ihres Energiehaushaltes. Diese Übung ist „Wellness für Körper und Seele" und führt in meinen Workshops immer zu begeisterten Reaktionen und einer heiteren Stimmung.

Die Vokale „A-E-I-O-U" haben ihren Ursprung in verschiedensten Bereichen des Körpers. Wenn wir dies bewusst aktivieren, sind wir um eine wohltuende Ressource reicher. Beginnen wir mit dem „U".

Das „**U**": entspringt im Becken. Stehen Sie in Hüftbreite, sagen Sie ohne Anstrengung ein „U" und verstärken Sie dies mit den Armen, indem Sie sich vorstellen, dass Sie den „Vokal" aus Ihrem Becken schaufeln. Gehen Sie während dieser Übung leicht in die Knie, lassen Sie ein „U" entstehen und machen Sie die schaufelnde Armbewegung dazu. Wiederholen Sie dies mehrmals und hören Sie auf den Klang Ihrer Stimme. Das „U" sollte weich, tief und samtig klingen. Lassen Sie Ihren Kopf ruhig und forcieren Sie nichts. Genießen Sie das entspannte „U".

„U" steht für Erdung und Selbstvertrauen. „U" verstärkt die Erdung und die Willenskraft. „U" verstärkt die Ur-Impulse.

Das „**O**": entspringt im Nabel. Sie stehen geerdet da, atmen ein und aus und ziehen sich mit beiden Händen das „O" aus dem Nabel, das sich immer größer werdend im Raum ausbreitet. Sprechen Sie den Vokal sanft aus und lassen Sie ihn, unterstützt durch Ihre Arme, immer größer und lauter werden. Machen Sie Ihren Mund und Ihre Augen weit auf, während Sie das „O" tönen lassen. Strengen Sie sich nicht an und führen Sie dies so durch, wie es Ihnen guttut.

„O" steht für Entscheidungskraft, Entwicklung der Persönlichkeit und Aussagekraft.

Das „A": entspringt im Herzen. „A" ist der Herzenslaut, Kammerton „A", der Geburtsschrei. Lassen Sie Ihr „A" direkt aus dem Herzen erklingen und begleiten Sie dies mit Ihren Armen, als würden Sie der Welt Ihr „A" schenken. Machen Sie den Mund weit auf und lächeln Sie. Genießen Sie dieses Gefühl und erden Sie sich. Je höher Sie nun kommen, umso mehr Erdung benötigen Sie. Forcieren Sie Ihre Töne nicht, indem Sie den Kopf vorstrecken. Der Kopf bleibt aufgerichtet und gerade. Schenken Sie der Welt Ihr „A" und hören Sie sich begeistert zu. Lieben Sie Ihr „Aaaaaaaaaaaaa".

„A" steht für Herzlichkeit, Selbstliebe und Wohlbefinden. Diese Übung öffnet Ihren Brustkorb und wirkt etwaigen Verspannungen entgegen.

Das „E": entspringt im Hals. „Der sprudelnde Quell". Lassen Sie Ihr „E" aus dem Hals tönen und begleiten Sie auch dies mit Ihren Armen und Händen. Erweitern Sie das „E", ausgehend vom Hals, in die Breite. Ziehen Sie auch Ihre Mundwinkel in die Breite und lächeln Sie während des „E". Bitte drücken Sie nicht mit Ihrem Hals nach, vertrauen Sie darauf, dass es laut genug ist, und verstärken Sie dieses Urvertrauen, indem Sie sich erden und Ihre Knie leicht beugen. „Eeeeeeeeee".

„E" steht für Lebendigkeit und Flexibilität und macht frei.

Das „I": entspringt im Kopf. „I" ist der Kopflaut und gleichzeitig der Vokal, der den gesamten Körper von Fuß bis Kopf miteinander verbindet. Erden Sie sich bewusst, da wir dazu neigen, je höher wir kommen, unseren Kopf vorzustrecken. Bleiben Sie in Ihrer neutralen Haltung und vertrauen Sie darauf, dass Ihr „I" die ganze Welt erreicht, wenn Sie wollen. Begleiten Sie das „I" mit den Armen, indem Sie sie von unten nach oben ziehen und dann über Ihrem Kopf loslassen. Gehen Sie beim Antönen immer leicht in die Knie und richten Sie sich während des „Vokal-Aussprechens" auf. Genießen Sie Ihr „I".

„I" steht für die Ganzheitlichkeit, die Idee, die Vision.

Nachdem Sie den Ursprung Ihrer Vokale erforscht haben, kommen wir zum Höhepunkt der Übung, im wahrsten Sinne des Wortes.

Stellen Sie sich in Hüftbreite hin und verbinden Sie nun langsam die Vokale miteinander.

$$U - O - A - E - I$$

Sie starten mit dem U mit der Bewegung, hängen direkt das O an, dann folgt das A, E und I. Diese Übung erfolgt ohne Pause auf einen Atemfluss, kombiniert mit den Armbewegungen.

Wiederholen Sie dies mehrmals und spüren Sie die befreiende Wirkung dieser herrlichen Übung. Ich mache nur die besten Erfahrungen damit.

Dies führt zu einer Auflösung von Spannungen und Körperblockaden, aktiviert Ihre Stimmbänder und motiviert Sie in Ihrer individuellen Persönlichkeit. Zusätzlich wird Ihre Erdung intensiviert. Es kann sein, dass Sie warme, prickelnde Füße bekommen.

Integrieren Sie dies in Ihr Leben, und Sie werden sehr schnell belohnt werden mit einer großen Ausgeglichenheit und Selbstakzeptanz. Ihre Stimme klingt, Ihre Augen strahlen, Ihr Körper ist durchblutet und Sie sind angekommen.

Im Hier und Jetzt!

Gratulation!

Auf der Suche nach dem Glück

Warum, glauben Sie, boomt die Glücksliteratur? Wir suchen ständig nach Glücksrezepten im Außen, agieren aber zuverlässig gemäß dem Klassiker „Anleitung zum Unglücklichsein" (*Paul Watzlawick*). Wir verstricken uns in den Gedankenmustern „Was wäre, wenn ...", mit den schlimmsten Horrorszenarien, und schließen so vieles im Vorhinein aus. Ohne es probiert zu haben. Die Unglücksszenarien in unserem Kopf lassen Filme entstehen und funktionieren einwandfrei. Wir lieben es, uns das Schlimmste vorzustellen, und bemitleiden uns dafür. Obwohl gar nichts passiert ist. Wie gut das funktioniert, sehen wir ja! Drehen wir die Situation um.

Entscheiden wir uns dafür, das zu tun, was unseren tatsächlichen Bedürfnissen entspricht und uns authentisch und glücklich macht. Ihr Körper wird sich in dem Moment aufrichten. Er weiß, was wohltuend ist, und reagiert darauf zuverlässig. So haben Sie eine gesunde Information, die Ihnen und Ihrem Leben mehr Leichtigkeit schenkt.

Kleines Rendezvous mit mir

Stellen Sie sich vor einen Ganzkörperspiegel und betrachten Sie sich und Ihre Haltung ganz bewusst. Wenn Ihnen das schwerfällt, lächeln Sie sich zu und begrüßen Sie sich.

Machen Sie diese kleine Übung immer wieder, wenn Sie Lust dazu haben.

Dies ist eine Chance, mit sich selbst vertraut zu werden.

Haltungsspezialitäten im Alltag

Nutzen Sie das Gehen, um eine tägliche Ration Wohlbefinden als Belohnung zu erhalten. Sie wissen ja, „Wer geht, gewinnt".

Hier fasse ich nochmals die wichtigsten Haltungsinformationen zusammen, damit Sie im Notfall schnell darauf zurückgreifen können.

Wenn Sie viel zu tun haben und sich überfordert fühlen, flattern Sie mit den Lippen. Das entspannt und gibt Ihnen Sicherheit. Die beste Prävention gegen Lampenfieber vor öffentlichen Auftritten.

Achten Sie darauf, dass Sie sich immer wieder in der Balance einrichten. Dies gibt Ihnen die Information der Sicherheit und Ausgeglichenheit. Je öfter Sie sich erden, desto schneller erkennt Ihr Körper die Information der inneren Mitte und reagiert zuverlässig darauf. Machen Sie sich dies zur Gewohnheit.

Wenn Sie etwas Wichtiges zu sagen haben, richten Sie sich zuerst im Gleichgewicht ein und atmen Sie aus. Nehmen Sie Blickkontakt auf, und dann sprechen Sie mit einem Impuls. So werden Sie ernst genommen und können nicht übersehen werden.

Machen Sie Pausen und lassen Sie das Gesagte wirken. Bleiben Sie ruhig in Ihrer jeweiligen Geste und schauen Sie Ihren Gesprächspartner an. Das kommt an.

Wenn Sie eine enttäuschende Situation erleben, denken Sie an die unsichtbare Schnur an Ihrem Kopf, die Sie aufrecht hält. Bleiben Sie in der Aufrichtung und Erdung. So können Sie bewusst reagieren und handeln.

Wenn Sie losgehen, lassen Sie Ihre Füße den ersten Impuls geben. Der restliche Körper folgt im Vertrauen. So bleiben Sie in Ihrem Tempo und schonen Ihre Energie. Sie bleiben bei sich.

Gehen Sie in Zeitlupe, bevor Sie ein anstrengendes Meeting vor sich haben. Dies stärkt die Konzentration und wirkt auch bestens als Vorbereitung, um Lernstoffe besser zu bewältigen.

Aktivieren Sie Ihre Arme und bewegen Sie sie beim Gehen bewusst mit. Das stärkt das Selbstvertrauen, und Sie fühlen sich selbstbewusst und werden auch so wahrgenommen. In Vortragssituationen wissen Ihre Arme automatisch, was sie zu tun haben. Das verstärkt Ihren lebendigen Ausdruck.

Um ärgerliche Situationen hinter sich zu lassen, flattern Sie mit den Lippen, machen Sie das Notfallgesicht, ziehen Sie die Mundwinkel für eine Minute nach oben und wischen Sie sich den Ärger vom Körper weg. Das beseitigt die schlechte Laune im Nu!

Wenn Sie sich unsicher und wackelig fühlen, erden Sie sich und stampfen Sie ein paar Mal in den Boden. Das macht Sie sicher und aktiviert die Energie.

Nutzen Sie Ihr Lebenshandwerk

Ich habe Ihnen nun viel über die Zusammenhänge von Haltung und Emotion, Haltung und Vertrauen, Haltung und Mut, Haltung und Kreativität erzählt. Ich durfte und darf diese Erfahrungen aus Leben, Theater- und Seminarpraxis sammeln und an Sie weitergeben. Wir sind nun gemeinsam geschlendert, spaziert und musikalisch gewandert. Ich hoffe, ich konnte Sie dazu animieren, Ihrem Leben mehr Humor, Haltung und eine Brise Leichtigkeit zu verpassen.

Ich habe mir die Potenziale des Körpers zu eigen gemacht und lebe ganz bewusst damit. So gelingt es mir, schwierige und herausfordernde Situationen besser zu meistern, indem ich den Bodenkontakt herstelle, gezielt atme, in der Aufrichtung bleibe und so mein Vertrauen stärke. Das gibt mir positive Motivation und eine Portion Leichtigkeit. Dieses Lebenshandwerk ist so naheliegend, kostenlos und macht unendlich frei. Greifen Sie darauf zurück und genießen Sie Ihre Ressourcen, die Sie in sich haben. Viel Spaß dabei!

Im anschließenden Übungsteil finden Sie die Tipps und Übungen in Bildern und Beschreibungen zusammengefasst. Nehmen Sie sich nicht zu viel vor! Am besten, Sie integrieren die Erdung in Ihr Leben. Das wirkt zuverlässig, im Moment. In diesem Sinne wünsche ich Ihnen schöne inspirierende Spaziergänge, viel Lachen, Heiterkeit und Kreativität. Und vergessen Sie nicht

WER GEHT, GEWINNT!

Danke

Ich möchte mich bei meinem geliebten Mann Reinhard bedanken, der immer an mich glaubt, mir geduldig zuhört, mich berät und motiviert, mich künstlerisch unterstützt und mit seinen Fotos auch diesmal mein Buch bereichert.

Vielen Dank an meinen Bruder Klaus Karlbauer für die musikalische Vertonung der Körpersprüche für die Buchpräsentationen und Vorträge. Danke für die inspirierenden und motivierenden Gespräche.

Vielen Dank an Prof. Frithjof Bergmann für das Schreiben des Vorwortes und die spannenden Gespräche, die ich mit ihm führen darf.

Vielen Dank an Dr. Sybille Zauchner, die mir in unzähligen Gesprächen den Blick für die Seele des Menschen verständlicher macht.

Vielen Dank an Alexander Müller für seine Fotos.

Vielen Dank an Nina Latritsch für ihre Fotos.

Vielen Dank an Marion Rothschopf für ihre spontane Hilfsbereitschaft und die Bereitstellung der Fotolocation.

Vielen Dank an Monika Paitl für die professionelle Begleitung, Verlagsanbahnung und das Online-Marketing.

Danke an Elmar Weixlbaumer und das Goldegg-Team für die wertschätzende Kommunikation und gute Kooperation.

Vielen Dank an meine lieben Eltern, dass sie mir ihre Begeisterung, ihr Lachen und ihren unerschütterlichen Optimismus mit auf den Weg gegeben haben.

Übungsteil

Übungen zur Stärkung der inneren Mitte und des Urvertrauens

Erdung oder neutrale Grundhaltung

Stellen Sie sich folgendes Bild vor:

Sie sind ein Mensch zwischen Himmel und Erde. Die Erde symbolisiert Vertrauen, Selbstsicherheit, Standfestigkeit, Wurzeln, die Aufrichtung in Richtung Himmel vermittelt ein archaisches Bild des Menschseins.

Die folgende Übung ist das Grundhandwerkszeug für Ihr Leben! Der gute Stand bringt Ihnen im wahrsten Sinne des Wortes Standfestigkeit und Selbstsicherheit. Die Erdung symbolisiert Ihre Vorstellung „Mich kann nichts umwerfen" und „Ich kann mich auf mich selbst verlassen". Die gelöste Muskelspannung bringt Leichtigkeit und unterstützt das Loslassen.

Stellen Sie sich bequem in Hüftbreite hin, die Fußspitzen zeigen nach vorne oder minimal zur Seite. Knie sind leicht gebeugt. Das Becken ist in Mittelstellung – schaukeln Sie mit dem Becken mehrmals nach vorne und zurück und lassen Sie dann los (das Becken sucht sich seine richtige Stellung). Einatmen und die Schultern einmal von vorne nach hinten in Richtung Ohren überdrehen und mit der Ausatmung loslassen. Dabei wird Ihr Brustkorb vorne und hinten geöffnet (Ihr Sonnenplatz-Brustkorb wird frei).

Der Kopf wird von einer imaginären Schnur in Richtung Himmel gezogen. Ihr Kiefer ist locker, die Atmung fließt.

Wirkung:
— Erdung fördert die innere und äußere Balance!
— Erdung fördert den optimalen Stimmsitz!
— Erdung ist die Basis für eine ökonomische Haltung und ist somit energiesparend!

Die Verwurzelung als auch die Aufrichtung unterstützen Urvertrauen und Mut zu Ihrer Individualität! Der Körper gibt die Information der psychischen und körperlichen Ausgeglichenheit an Psyche und Gehirn weiter. Die Erdung wird auch neutrale Grundhaltung genannt, d. h. dies ist eine Haltung jenseits der Bewertungen und gibt somit jeder Situation die Chance der positiven Entwicklung.

Tipp: Bauen Sie Erdung immer wieder in Ihren Alltag ein. Unterbrechen Sie Ihren Tagesablauf, indem Sie stehen bleiben und bewusst den Kontakt der Füße zum Boden spüren. Achten Sie darauf, dass Sie auf den drei Punkten (Ferse Mitte, Ballen innen und außen) stehen und Ihr Kopf von der imaginären Schnur nach oben gezogen wird. So bleiben Sie in der

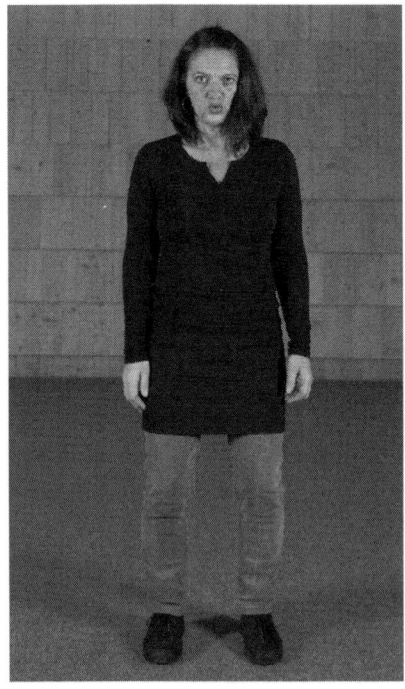

Konzentration und im gegenwärtigen Moment. Je mehr die Erdung in Ihr Leben integriert wird, desto schneller wirkt sie. In Stresssituationen bleiben Sie stehen, atmen Sie aus, flattern Sie mit den Lippen und spüren Sie bewusst den Boden. Dann gehen Sie weiter. So vermeiden Sie Überspannung und Gereiztheit.

Übung für optimalen Bodenkontakt

Gehen Sie im Wechsel auf den Fersen, dann auf den Fußballen und Zehen, auf den Fußaußenkanten und auf den Innenkanten. Immer wieder im Wechsel. Wichtig ist, dass der Akzent des Auftretens in den Boden geht. Das macht Sie konkret. Achten Sie darauf, dass Sie direkt mit der Bewegung verbunden sind.

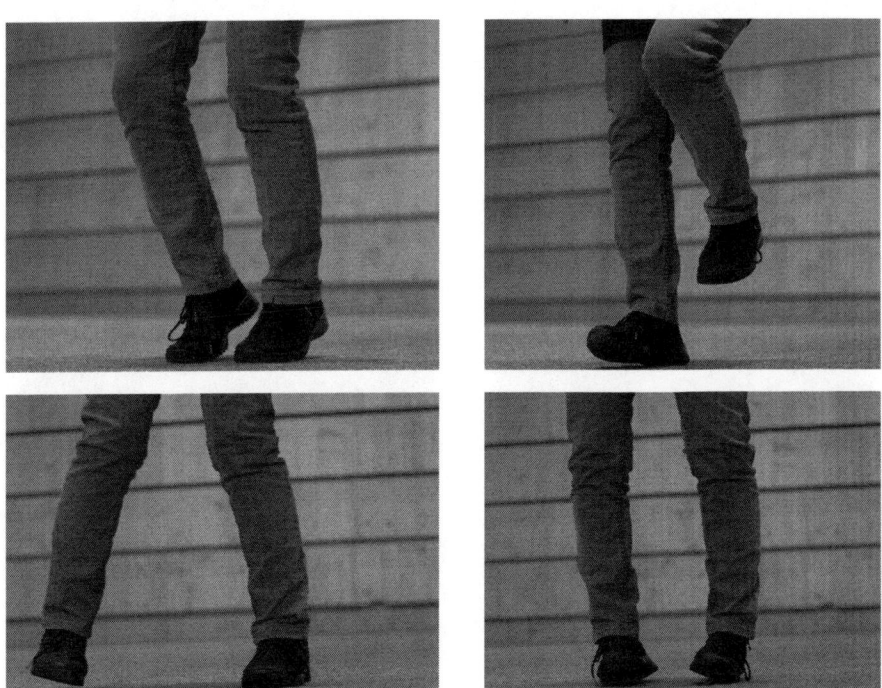

Wirkung:
— Optimale Herstellung des Bodenkontaktes
— Trainiert Ihre Fußmuskulatur
— Löst Körperspannungen auf
— Fördert Ihre innere und äußere Balance

Körperkreisen

Stehen Sie mit leicht gebeugten Knien im Gleichgewicht. Nun beginnen Sie mit dem ganzen Körper nach links, nach hinten, nach rechts und wieder zurück nach vorne zu kreisen. Lassen Sie Ihre Kreise immer größer werden, dann verkleinern Sie die Kreise, bis Sie wieder in der Mitte gelandet sind. Das wiederholen Sie auf der rechten Seite. Bleiben Sie mit Ihrer Aufmerksamkeit bei der Körperbewegung. Wiederholen Sie dies, so oft Sie wollen. Wenn Sie fertig sind, bleiben Sie bewusst stehen und spüren Sie die innere Mitte.

Wichtig ist, dass Sie bei dem Kreisen mit dem gesamten Fuß auf dem Boden bleiben.

Wirkung:
— Verstärkt die Erdung
— Stärkt die innere Mitte und Neutralität
— Entspannt
— Fördert das Selbstvertrauen

Urmensch – Einfache Übung mit großer Wirkung

Stellen Sie sich mit gebeugten Knien breitbeinig hin, Fußspitzen zeigen nach rechts und links außen, Oberkörper und Kopf sind aufgerichtet. Sie stampfen abwechselnd mit dem rechten und linken Fuß in den Boden und sagen mehrmals mit voller Überzeugung: „Ich bin da." Sie bekräftigen das noch mit den Armen, die immer von der Schwerkraft in den Boden gezogen werden. So gehen Sie, vergleichbar mit einem Urmenschen, herum, spüren bewusst den Boden und sagen immer wieder: „Ich bin da." Diese Übung praktizieren Sie zwei bis drei Minuten, und spüren Sie, wie die Kraft und Energie des Bodens Ihren Körper ins Gleichgewicht bringt.

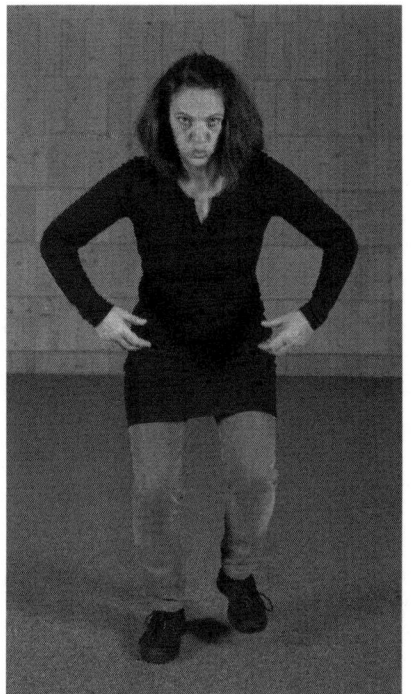

Wirkung:
— Kopf wird mit Körper verbunden
— Urvertrauen wird gestärkt
— Stimmvolumen wird erhöht
— Inneres Gleichgewicht wird gestärkt
— Wirkt gegen Depressionen
— Verstärkt die Erdung und Präsenz

Diese einfache Übung erzielt eine unglaubliche Wirkung. Durch die bewusste Herstellung des Bodenkontaktes wird der Energiefluss im ganzen Körper ins Gleichgewicht gebracht und Sie spüren sich intensiver. Die Stimme setzt sich und wird voller und tiefer.

Übung gegen Spannungen und Unsicherheit

Fußschaukel zur Auflösung der Gesamtkörperspannung

Sie stellen sich mit den Füßen in Hüftbreite hin, lassen sich mit der Ausatmung in die Knie fallen und lassen die Arme hängen. Spüren Sie mit den Füßen den Boden, indem Sie wie ein Schaukelpferd von der Ferse über die Fußballen nach vor zu den Zehen und wieder zurück schaukeln. Nehmen Sie Ihre Arme mit. Die Dynamik der Bewegung geht in den Boden, spüren Sie die Schwerkraft, die Sie nach unten zieht. Oberkörper und Kopf bleiben aufgerichtet. Schaukeln Sie vor und zurück (circa eine Minute), und spüren Sie, wie Sie durch den Bodenkontakt immer mehr Sicherheit bekommen. Dann richten Sie sich auf und wiederholen diese Übung. Danach stampfen Sie mit dem rechten und dem linken Fuß in den Boden. Dann erden Sie sich und gehen dynamisch auf ein Ziel zu. Achten Sie darauf, dass Sie den ganzen Fuß abrollen. Beim Gehen achten Sie auf Folgendes: Ferse aufsetzen, belasten, abrollen über den Ballen und die Zehen.

Wirkung:
— Stärkt Ihr Selbstbewusstsein und Ihre innere Mitte
— Fördert die Durchblutung, Konzentration und Koordination
— Stabilisiert den Blutdruck

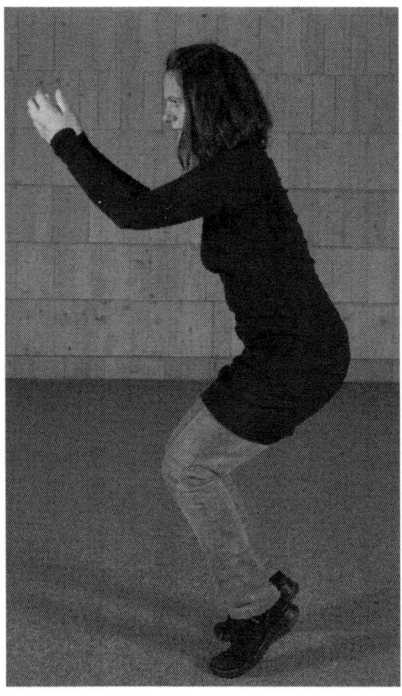 

— Fördert die Entschlackung
— Macht munter
— Durchblutet die Organe
— Gegen Ängste
— Löst innere Spannungen auf

In den Fußballen liegen die Vitalzonen, die Ihnen noch zusätzlich Energie schenken. Die gespeicherte Energie wird beim Abstoßen frei. Schaukeln Sie, wann immer es Ihnen einfällt. Sie können diese Übung wunderbar in den Alltag einbauen, z. B. beim Warten am Bahnhof oder während des Einkaufens. Ihrer Fantasie sind keine Grenzen gesetzt.

Übungen gegen Nervosität und Ängste

Abstreifen

Vor der Präsentation oder einer schwierigen Aufgabe stellen Sie sich vor, Sie stehen unter der Dusche und waschen sich mit den Händen alles Negative und Private weg, streifen alles ab, begleiten Sie dies mit Stimme (stimmhaft: bbbbbbbbb).

Wirkung:
— Gegen negative Gedanken
— Abstreifen von negativen Begegnungen
— Sie neutralisieren sich und tragen die negativen Begegnungen nicht in Ihrem Körper.

Lippenflattern

Lassen Sie Ihre Lippen flattern wie ein Pferd. Wiederholen Sie das mehrmals täglich.

Wirkung:
— Sehr gut gegen Lampenfieber und nervöse Anspannungen
— Entspannend und lockernd
— Lockert die Nacken- und Kiefermuskulatur

Die Information der Gelassenheit und Lockerheit geht an das Gehirn. Man nimmt sich nicht mehr so tierisch ernst und kann auch einmal über sich selbst lachen.

Tipp: Machen Sie dies vor schwierigen Besprechungen, Vorträgen oder sonstigen Herausforderungen. Das wirkt fantastisch.

Notfallgesicht

Mundwinkel nach oben ziehen. Die Zunge strecken Sie aus dem Mundwinkel rechts oder links, ziehen Sie die Augenbrauen hoch und blicken Sie nach oben.

Wirkung:
— Diese Übung vertreibt negative Gedanken und löst Ihr Gedankenkarussell auf.
— Nach negativen Besprechungen können Sie damit Ihre Stimmung verbessern.

Übungen gegen Stress

Fußimpuls

Lassen Sie Ihren Fuß den Impuls des Losgehens geben, d. h. der Fuß geht bewusst los, setzt mit der Ferse auf dem Boden auf. Ab dem Moment, in dem Sie den Fuß abzurollen beginnen, folgt der gesamte Körper. Das ist Gehen im Vertrauen. Probieren Sie dies aus. Sie werden sofort spüren, dass sich Körper, Geist und Seele sofort entspannen. Der Atem fließt, da Sie in einen Gehrhythmus kommen, der Sie nicht überfordert. Sie gehen mit sich selbst spazieren und können sich unterwegs gar nicht verlieren. Herrlich!

Wirkung:
— Entspannend
— Natürlicher Atemfluss wird aktiviert
— Achtsamkeit und Präsenz werden gesteigert
— Konzentrationsfördernd

Loslassen durch Schulterlockerung

Stellen Sie sich mit den Füßen in Hüftbreite hin, flattern Sie mit den Lippen wie ein Pferd, entspannen Sie Ihr Gesicht, indem Sie einmal ausgiebig die Zunge rausstrecken, lockern Sie Ihre Schultern und lassen Sie sich, von den Schultern ausgehend, mit dem Oberkörper Wirbel für Wirbel Richtung Boden fallen. Lassen Sie den Oberkörper, den Kopf und das Gesicht hängen und bleiben Sie circa 30 Sekunden in dieser Position. Dann richten Sie sich langsam, Wirbel für Wirbel, auf und bleiben in entspannter, aufgerichteter Haltung stehen. Wenn Sie das Gefühl haben, dass Ihre Schultern zu weit vorne sind, drehen Sie die Schultern mit der Einatmung bis zu den Ohren und lassen Sie sie mit der Ausatmung fallen. Wiederholen Sie diese Übung mehrmals täglich! Sie werden sehen, wie sich dieser entspannte Zustand auf Ihr Inneres überträgt.

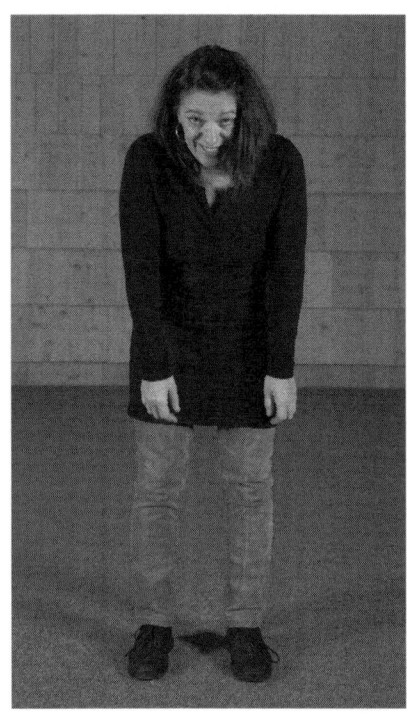 

Wirkung:
— Stressentlastend
— Entspannend
— Gute Einschlafübung
— Lockert die Wirbelsäule

Diese Übung schützt Sie vor massiven negativen Einflüssen und neutralisiert. Machen Sie diese Übung mehrmals täglich. Am Abend oder nach der Arbeit ist diese Übung eine wunderbare Möglichkeit, aus den Gedankenkarussells auszusteigen. Sie können diese Übung auch nach Auseinandersetzungen oder schwierigen Herausforderungen etc. machen. Das ist sehr wirksam, entspannt Körper und Seele. Der Zorn und die Enttäuschung haben keine Chance, sich im Körper zu manifestieren.

Staunen

Stellen Sie sich vor, Sie sind ein Kind und entdecken die Welt neu. Gehen Sie mit weit geöffneten Augen und staunendem Gesicht im Raum oder in der Natur herum und entdecken Sie alles neu. Wenn Sie Ihr Fenster oder einen Baum ansehen, machen Sie Ihren Mund weit auf und staunen Sie mit „aaahhhh", oder wenn Sie Ihren Fernseher ansehen, staunen Sie mit „ooooooh", entdecken Sie Ihren Partner oder sich selbst im Spiegel und staunen Sie, was das Zeug hält.

Wirkung:
— Aktiviert die Atmung
— Erweitert die Resonanzräume
— Fördert das Wohlbefinden
— Fördert die Humorfähigkeit

Optimales Gehen in Zeitlupe

Gehen Sie los, setzen Sie den Fuß mit der Ferse auf und rollen Sie über den Ballen und die Zehen ab. Spüren Sie bewusst den Gehvorgang.
Danach machen Sie dies ganz langsam in extremer Zeitlupe.

Wirkung:
— Stärkt das Urvertrauen und die Konzentration
— Gut gegen Stress
— Der natürliche Körperrhythmus wird aktiviert
— Sinnlichkeit wird angeregt
— Beste Vorbereitung vor dem Lernen oder vor Prüfungen
— Atemfluss wird gestärkt

Energieaktivierung

Energie holen

Hände fest aneinanderreiben und dann vor das Gesicht halten. Dies mehrmals wiederholen.

Wirkung:
— Das bringt schnell Energie und Frische.

Steigerung des Energiehaushaltes

Die Vokale haben ihren Ursprung in den verschiedensten Körperregionen.

u – kommt aus dem Becken (gibt dem Körper eine gute Erdung)
o – kommt aus dem Bauch
a – Herzlaut, Geburtsschrei, Kammerton A
e – Halslaut
i – Kopflaut

Diese Vokale zuerst einzeln, begleitet mit einer körperlichen Geste üben. Stellen Sie sich vor, Sie holen den Vokal aus der jeweiligen Körperregion und sprechen ihn laut aus. Wenn Sie alle Laute aktiviert haben, machen Sie folgende Übung:

Stellen Sie sich ins Gleichgewicht, beginnen Sie mit dem U und gehen ohne zu unterbrechen über in das O, das A, das E und das I. Ziehen Sie die Laute ohne Unterbrechung zusammen und beginnen Sie immer wieder von vorne. Genießen Sie diese Übung.

uoaei – mehrmals wiederholen!

Wirkung:
— Gute Erdung
— Energiefluss wird aktiviert
— Ausgeglichenheit wird gefördert
— Beweglichkeit wird erhöht
— Resonanzraum wird vergrößert
— Sehr gut für Stimme und Stimmvolumen

Stärkung des Selbstbewusstseins

Armaktivierung

Stellen Sie sich in Hüftbreite hin und stellen Sie sich vor, Ihre rechte Hand und Ihr Arm seien eine Schlange, die plötzlich aus dem Korb steigt. Sie macht sich selbstständig, und Sie folgen dem Reptil mit Ihren Augen. Die Schlange wird immer beweglicher und der ganze Körper folgt. Spielen Sie mit und atmen Sie. Dasselbe machen Sie mit der linken Hand. Legen Sie eine schöne CD ein und verwandeln Sie sich in eine Schlange. Folgen Sie Ihren Fingern und Händen in sämtliche Richtungen. Aktivieren Sie sich von Kopf bis Fuß. Impulsgeber bleiben jedoch immer die Hände.

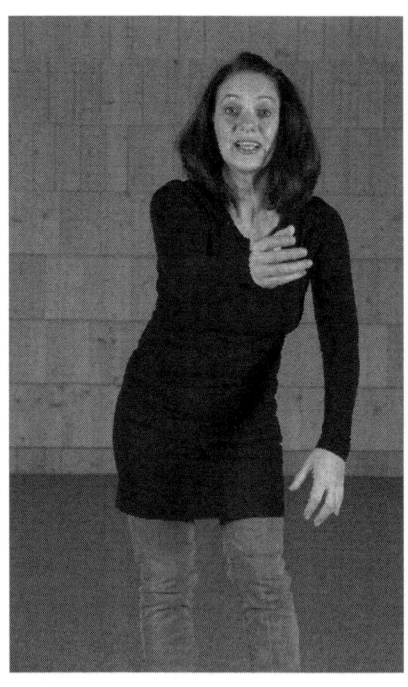

Wirkung:
— Aktive Arme stärken Ihre Entscheidungskraft
— Mut wird gestärkt
— Macht munter
— Selbstbestimmtes Handeln wird aktiviert
— Konzentrationsfähigkeit wird erhöht
— Bessere Durchblutung in Körper und Gehirn

Das ist mein Raum

Stellen Sie sich in Hüftbreite hin. Nun zeigen Sie, wie groß Ihr persönlicher Raum ist, indem Sie mit den Armen den Raum um sich herum definieren und mit selbstbewusster Stimme sagen: „Das ist mein Raum." Dann stampfen Sie in den Boden und zeigen wieder einen anderen Raum, der neben, vor oder hinter Ihnen ist, und sagen wieder: „Das ist mein Raum." Sie können dies in sämtlichen Varianten ausprobieren, erweitern Sie Ihren Raum und sagen Sie laut, dass das Ihr Raum ist.

Wirkung:
— Erhöht Ihre Präsenz und Glaubwürdigkeit
— Selbstvertrauen wird gestärkt
— Authentizität wird gefördert
— Grenzen werden definiert

Anhang

Die Autorin

Andrea **Latritsch-Karlbauer** ist Schauspielerin, Regisseurin, Kulturmanagerin und Trägerin des Kulturehrenzeichens der Stadt Villach. Sie ist gefragte Vortragende und schult als Trainerin für Haltung und Authentizität in ihren Seminaren Menschen aus den Bereichen Wirtschaft, Wissenschaft und Kultur. Mit dem professionellen Blick der Schauspielerin erkennt die Autorin die Botschaften der Körperhaltung und hilft Menschen dabei, selbstbewusster und mutiger zu werden und ihr Leben in Fluss zu bringen.

Wenn Sie an Vorträgen oder Workshops von Andrea Latritsch-Karlbauer interessiert sind oder Feedbacks zum Buch geben wollen, schreiben Sie bitte an folgende Adresse:

E-Mail: latritsch-karlbauer@aon.at
http://latritsch-karlbauer.com

Quellenangaben

Brook, Peter, Carrière, Jean-Claude, Grotowski, Jerzy (2005): „Georg Iwanowitsch Gurdjieff ", 2. Auflage, Alexander Verlag Berlin

Cramer, Annette (1998): Das Buch von der Stimme. Ihre formende und heilende Kraft verstehen und erfahren, Walter Verlag Zürich und Düsseldorf

Dschuang, Dsi (2011): Das wahre Buch vom südlichen Blütenland, Anaconda

Gros, Frédéric (2010): Unterwegs. Eine kleine Philosophie des Gehens, Riemann Verlag München

Heintel, Peter (1999): Innehalten. Gegen die Beschleunigung – für eine andere Zeitkultur, Herder Spektrum

Schmidt, Aurel (2007): Gehen, Verlag Huber Frauenfeld

Schnabel, Ulrich (2010): Muße. Vom Glück des Nichtstuns, Verlag Blessing

Sharma, Robin S. (2008): Der Mönch, der seinen Ferrari verkaufte, Knaur TB

Szeliga, Roman F. (2011): Erst der Spaß, dann das Vergnügen, Kösel Verlag, München